2540
GRENCHEN

AKZENTE

Druck: City Offset Grenchen

ISBN 3-9521412-1-6

2540 GRENCHEN

Fotos:
Christoph Wider
Manfred Hofer

Gestaltung:
Annemarie Lischer Ramseyer

Texte:
Gerald Lechner

Edition fünfundzwanzigvierzig

AKZENTE

Wer ist eigentlich mein Nachbar?

23 Geschichten in Wort und Bild über Leute, die in Grenchen leben

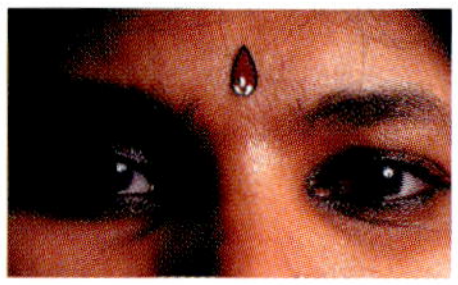

MOMENTE hiess das Buch, das 1997 von der «Edition fünfundzwanzigvierzig» herausgegeben wurde und Grenchen so zeigte, wie es die wenigsten kannten. In über 100 Farbfotos schien eine Stadt mit ihrer Umgebung auf, der in der Regel nur wenig «Schönes» zugebilligt wird. MOMENTE indessen bewies, dass sich Grenchen nicht zu verstecken braucht, wenn es um jene Dinge geht, die zwar nicht prunkvoll nach aussen schreien, aber zur heute so wichtigen Lebensqualität Entscheidendes beitragen. Sechs Autoren halfen in MOMENTE mit ihren Texten, das Bild einer liebenswerten, aber auch sehenswerten Stadt zu skizzieren.

Jetzt also AKZENTE. Eine Fortsetzung von MOMENTE? In gewissem Sinne schon. Denn als man sich in der «Edition fünfundzwanzigvierzig» überlegte, nach dem beachtlichen Erfolg von MOMENTE ein zweites Buch über Grenchen zu publizieren, tauchte sofort der Gedanke auf, diesmal den Mensch in das Zentrum zu stellen, jene Leute also, die in Grenchen wohnen, arbeiten, leben. Rund 16'000 Grenchnerinnen und Grenchner listet die Statistik schon seit Jahren als Wohnbevölkerung auf. 25 Prozent davon sind ausländische Mitbürger. Theoretisch ist also jede vierte Frau, jeder vierte Mann, denen wir auf der Strasse oder im Warenhaus begegnen, eine Ausländerin, ein Ausländer. Sie kamen aus sozialer Not und fanden bei uns Arbeit, sie kamen als politisch oder religiös Verfolgte und erhielten bei uns Asyl. Und sie kamen aus Liebe – weil sie irgendwo auf der Welt eine Grenchnerin, einen Grenchner kennen gelernt hatten, denen sie in ihre Stadt folgten. Angehörige von über 70 verschiedenen Staaten wohnten im Sommer 2002 in Grenchen, einer mehr oder weniger zufälligen Auswahl dieser Menschen, werden Sie, liebe Leserin, lieber Leser, auf den folgenden Seiten begegnen.

So ist AKZENTE also ein «Multi-Kulti-Buch», um ein Modewort zu benützen? Ja, das ist es, nämlich ein kleiner Beitrag zu jenem Miteinander, das die Menschen jeder Hautfarbe, jeder Sprache, jeder Herkunft, jeder Kultur heute verbinden muss, wollen wir zukünftig in Frieden leben. Grenchen war ja immer schon ein Grenzort, immer schon an einem Punkt gelegen, wo politische und kirchliche Interessen, sprachliche und kulturelle Unterschiede offenbar wurden. Vielleicht gerade deswegen lag hier der Toleranzwert höher als anderswo, wurde der «andere» Mensch geachtet und respektiert. Noch vor der Einführung der Uhrenindustrie, die ihrerseits zur Weltoffenheit der Grenchner beitrug, gewährte man Menschen, die anderswo verfolgt wurden – den Freiheitskämpfern Mazzini und den Gebrüdern Ruffini aus Italien, dem Deutschen Mathy, dem Polen Langiewicz – Schutz und Unterschlupf vor ihren Häschern, vorwiegend im damaligen Kurbad Bachtelen (fast rührend, wie Franz Joseph Schild, der «Grossätti aus dem Leberberg», den geflüchteten General Langiewicz in Grenchen begrüsste:

«Gott grüess di, Bruder Langiewicz, mir hei di gärn in üsere Schwyz»!).

Ein Buch über Grenchens Multi-Kultur also, Berichte über Menschen, die diese Kultur ausmachen und als Nachbarn unter uns leben, die hier vielleicht seit Generationen ansässig sind, vielleicht aber auch erst vor nicht allzu langer Zeit aus anderen Städten, Kantonen, Ländern nach Grenchen gezogen sind. Das AKZENTE-Team hat diese Nachbar-Familien besucht, hat sich erzählen lassen von ihrer Vergangenheit, ihrer Heimat, ihrer Religion, hat erfahren, warum sie ihr Land verliessen und nach Grenchen kamen, wie sie sich hier fühlen. Und: Wie sie hier kochen und essen. Denn, nicht wahr: Sage mir, wie du kochst, und ich sage dir, woher du bist! Der Frage nach heimatlichen Gerichten und Essgewohnheiten etwa in Brasilien, Indonesien, in der Türkei, in Kenya, Indien, Sri Lanka, Finnland, Österreich usw. hat sich das AKZENTE-Team besonders gewidmet. Viele Fotos sind beim Kochen und beim Anrichten der Platten und Teller entstanden – in der Gewissheit, dass dies doch eigentlich viele Leserinnen und auch Leser interessieren müsste.

Das AKZENTE-Team: Annemarie Lischer Ramseyer umgeben von Gerald Lechner (links), Manfred Hofer (rechts) und Christoph Wider.

Beim Einkauf in den Spezialgeschäften und bei den Grossverteilern wird es ja täglich unter Beweis gestellt: Eine multikulturelle Gesellschaft manifestiert sich nicht zuletzt in veränderten Ess-Gewohnheiten, in multinationaler Küche eben. Darum finden sich in diesem Buch auch entsprechende Rezepte. Viel Vergnügen und Erfolg beim Nach-Kochen! Und herzlichen Dank allen, die sich als so überaus freundschaftliche Gastgeber erwiesen.

Ihr AKZENTE-Team

Laufen verändert das Leben

«Bewegung» heisst das Motto von Manfi Hofer und Emmeli Trüssel

«Marathon Man» hiess einst ein Hollywood-Film mit Dustin Hofman. Für den Grenchner Manfred «Manfi» Hofer würde der Titel auch passen: Er läuft und läuft und läuft und läuft. Wenn er sich von einer Sekunde zur anderen entschliesst, «mal schnell nach Nidau und zurück» zu laufen, überrascht das auch seine Lebensgefährtin (seit 20 Jahren) Emmeli Trüssel nicht: Findet sie gerade Zeit, dann fährt sie mit dem Bike mit. Denn Laufen, überhaupt Bewegung ist für beide nicht nur etwas, das man halt macht, sondern ein Lebensgefühl.

Das war freilich nicht immer so. Manfred Hofer, den alle Manfi nennen, meint im Rückblick auf sein bisheriges Leben, dass ihm eigentlich immer wieder etwas Neues eingefallen sei. Gelernt hatte er den Goldschalenmacher-/ Goldschmied-Beruf. Dann war er dabei, als die «Prosigna» entstand. «Ich war in der Firma ‹der Mann für alles›. Fehlte jemand irgend etwas: Ich wusste, wo man es finden konnte. Wusste jemand nicht, wie ein bestimmtes Problem zu lösen wäre: Manfi half auf den Sprung. Eines Tages wurde mir das alles einfach zu viel – ich hatte kaum noch Zeit für mich selbst.» Er veränderte sich beruflich und fand bei der Mathys Medizinaltechnik AG Bettlach in der Oberflächenbehandlung eine Aufgabe, die ihn wieder zu den beruflichen Wurzeln zurückführte. Längst hatte er auch eine Partnerin gefunden, mit der ihn viele Interessen verbanden und die vor allem die Freude am Bewegungssport mit ihm teilte. Handarbeitslehrerin Emmeli Trüssel ist in Grenchen ja vor allem als Leiterin im Damen-Turnverein bekannt. «Da braucht mich Emmeli wirklich nicht, aber sonst machen wir alles zusammen», sagt Manfi Hofer und er meint damit den gemeinsamen Haushalt oben im Terassenhaus an der Bergstrasse, das Skifahren zusammen mit Freunden und Kollegen und vorwiegend das Laufen.

Manfi kennt sich auch am Herd aus, sieht sich aber nur als «Hilfskoch».

Läuft und läuft: Manfi Hofer, begleitet von Lebensgefährtin Emmeli Trüssel (Bild linke Seite).

220 km über Berg und Tal

Manfi Hofer ist kein Rekordläufer. Ihm geht es nicht um möglichst schnelle Zeiten, wenn er etwa am Halb-Marathon teil nimmt. «Das Laufen ist für mich ein Erlebnis, das es mir erlaubt, Verbindung mit der Umwelt und besonders mit der Natur aufzunehmen. Ausserdem kann ich meine Leistungsgrenzen ausloten und mir über den Zustand meines Körpers, aber auch über meine ‹innere Verfassung›, Klarheit verschaffen», zählt er zusammen. So nimmt er auch mit Vorliebe Bergläufe unter die Füsse, etwa den «Alpin-Marathon», die «Jura-Trophy» oder er läuft quer über den Jura bis zum Lac de Joux, wobei 220 km in drei Tagen «über Stock und Stein» zu bewältigen sind. Als vor ein paar Jahren die Grenchner «Free Runners» gegründet wurden, war Manfi Hofer natürlich unter den Vätern. Seit drei Jahren führen die «Free Runners» – die mittlerweile ein Verein sind – den Grenchner Berglauf durch und können dabei auf guten Zuspruch aus dem Läufer- und Sponsorenlager verweisen. Manfi Hofer ist im OK dabei und für das Ressort «Infrastruktur» zuständig. Und so nebenbei

Manfis Grenchner Filet hat legendären Ruf. Den Namen hat er ihm gegeben, aber schon vor vielen Jahren – «und jetzt heisst es halt so!»

Rezept für 7-8 Personen

Manfis Grenchner Filet

3 ganze Schweinsfilets	ringsum anbraten
Salz+Pfeffer	Filet würzen und ruhen lassen
4-5 grosse Zwiebeln	rüsten und in schmale Scheiben schneiden
ca 20 Bratspecktranchen	

Filet in ca 3 cm grosse Stücke schneiden. Bratspeck um die Filetstücke wickeln und mit einem Zahnstocher fixieren, in eine flache Gratinform legen.

5-6 dl Rahm	Etwas über das Filet giessen, ca 1 cm den Boden decken. Filet mit Zwiebelscheiben bedecken und mit Rahm auffüllen. Gut mit Pfeffer nachwürzen.
Backofen 180 Grad	ca 20 Min. garen lassen. Die Filetstücke öfters mit Rahm übergiessen.
Beilage	Breite Nudeln

läuft er dann an einem schönen Sonntagnachmittag auf den Chasseral...

Auch sonst noch einiges...

Neben dem Laufen kennt Manfi Hofer noch eine andere Freizeit-Leidenschaft: Die Fotografie. Mit 14 Jahren erhielt er eine 6x6-Box geschenkt und seitdem hat er immer fotografiert. Die Apparate wurden natürlich mit der Zeit immer besser und heute besitzt er eine «Hasselblad» mit Zusatz-objektiven, die ihm erlauben, sich besonders dem Tele- und Nah-Bereich zu widmen. Nahaufnahmen von Blumen in raffinierter Beleuchtung etwa sind seine Spezialität. Aber er liebt es auch, in der Landschaft oder in «seiner» Stadt (er ist Grenchner Bürgerrat) zu fotografieren und dabei Farbe und Licht dominieren zu lassen. Im Foto/Text-Buch MOMENTE, der ersten Publikation der «Edition fünfundzwanzigvierzig» sind Beispiele zu bewundern. Manfi Hofer ist auch ein ausgezeichneter Zeichner und Gestalter, wovon man sich beim Blättern in seinen «Tagebüchern» überzeugen kann. Dass er überdies ein guter Koch ist, wissen jene, die er schon zu seinem legendären «Grenchner Filet» oder zu einem Coq-au-vin eingeladen hat. «Sonst bin ich zuhause eher der Hilfskoch, der meiner Emmeli zur Hand geht», bekennt er, «aber das ‹Grenchner Filet› habe ich vor rund 30 Jahren bei Bekannten kennen gelernt und seitdem ist das meine Spezialität. Warum dieses Gericht ‹Grenchner Filet› heisst? Das weiss ich auch nicht – ich habe es einfach so genannt!».

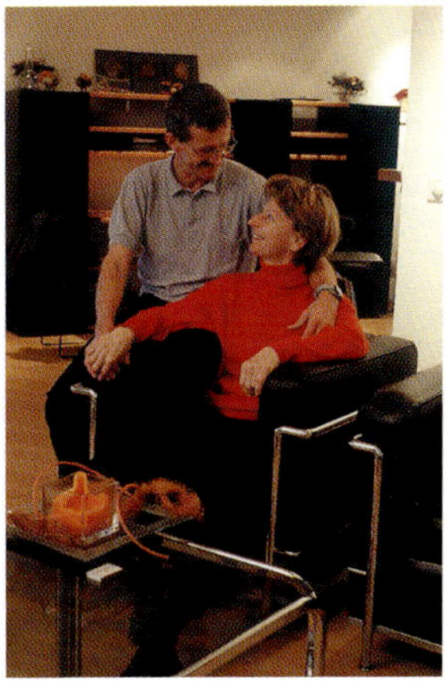

Manfi Hofer fotografiert mit Leidenschaft.
Mit Emmeli Trüssel zusammen lassen sich der Konfort im Terrassenhaus an der Bergstrasse und die tolle Aussicht doppelt geniessen.

Thomaschristen aus Kottayam

Die indische Familie Nambuseril fühlt sich fast wie zuhause

Kerala, einer der zahlreichen Staaten der Republik Indien, viermal so gross wie die Schweiz und im Süden des riesigen Landes am Indischen Ozean gelegen, nimmt eine Sonderstellung ein: Während in den anderen «States» der Hinduismus, der Buddhismus oder der Islam die beherrschenden Religionen sind, bekennen sich in Kerala immerhin 30 Prozent der Bevölkerung zum Christentum. Diese «Thomaschristen» genannten Inder führen ihren Glauben (der dem römischen Katholizismus angenähert ist) auf den Heiligen Thomas – den «ungläubigen Thomas», weil er zuerst nicht an die Auferstehung von Jesus glauben wollte zurück, der nach der Überlieferung den Südwesten Indiens missionierte. George Nambuseril, der mit seiner Gattin Rosili und zwei schulpflichtigen Kindern in Grenchen lebt, betont, dass seine Familie seit vielen Generationen dem Christentum verpflichtet ist. Gleichwohl ist er ein Inder «durch und durch». Und auf die Frage, warum

gerade Inder in den modernen Technologien so bewandert und als Elektro-Spezialisten in westlichen Ländern so umworben sind, hat er ein feines Lächeln: «Wir sind dank unserer besseren Schulbildung etwas voraus», meint er, schränkt aber sofort ein: «Das gilt natürlich nur für den Mittelstand, der es, zum Beispiel im Staat Kerala, als eine Pflicht ansieht, den Kindern die allerbeste Schulbildung einschliesslich Studium zukommen zu lassen». Er selbst hat eine sorgfältige Ausbildung als Elektro-Ingenieur und im Management hinter sich, welche ihm während fünf Jahren einen Arbeitsplatz im indischen «Silicon Valley», in Bangalore, sicherte. Anschliessend kam er nach Grenchen zur ETA in die Abteilung Microkomponents (inzwischen eine selbständige Firma der Swatch-Gruppe). Auch seine Ehefrau Rosili hat ein Uni-Studium (der Krankenpflege) vorzuweisen. Sie war in Bern zuerst in einem Alters- und Pflegeheim als Krankenschwester beschäftigt, dann von 1991 bis 1998 im Spital Grenchen und seitdem im Alterszentrum Kastels.

Bild linke Seite: George und Rosili Nambuseril mit ihren Töchtern Smitha und Swapna auf dem Schulhaus-Areal Zentrum.

Foto-Session bei Nambuserils – nicht ganz ungewohnt für die indische Familie, denn das Fernsehen war auch schon da...

Vielseitiges Engagement

Rosili und George Nambuseril sprechen Deutsch, Englisch, die Nationalsprache Hindi und die Sprache, die im Staat Kerala üblich ist. Die beiden Töchter, Smitha und Swapna, wurden in Grenchen geboren und drücken sich natürlich in unserer Mundart bestens aus. Sie mussten aber auch die Sprache ihrer Heimat Kerala lernen, damit sie sich bei den jährlichen Besuchen in Indien mit den Grosseltern und Verwandten unterhalten können. Obwohl die Familie Nambuseril sich in Grenchen fast wie zuhause fühlt und auch über eine Einbürgerung schon nachgedacht hat, sind die emotionalen Bindungen zur alten Heimat «zwar im Laufe der Jahre schwächer geworden, aber immer noch vorhanden», wie George es ausdrückt. Er engagiert sich denn auch in der Aufgabe, die indischen Kulturtraditionen, die er vor allem in der Musik, im Tanz und in der Literatur sieht, bei den im Ausland lebenden Indern aufrecht

Smitha (rechts) und Swapna, in Grenchen geboren, sind fröhliche Mädchen. Sie erproben sich gerne in Rollenspielen, ob als «Foto-Stars» oder beim traditionellen indischen Tanz.

zu erhalten. Dabei ist er mit ziemlichem Zeitaufwand in der Koordination der Tätigkeit indischer Kulturgruppen in der Schweiz unterwegs. Seine Frau Rosili beschränkt sich in ihren Freizeit-Aktivitäten auf Grenchen. Sie turnt im Damen-Turnverein, ist in der IG-Spielplätze und der Kinderkleiderbörse mit dabei und liess sich, wie sie lächelnd erzählt, «auf dem Wagen der Hilarizunft als Zigeunerin beim Fasnachtsumzug» sehen.

Familie ist am wichtigsten

In der modern eingerichteten Eigentumswohnung der Familie Nambuseril erinnert nur wenig an Indien. Unvermeidlich ist der Computer, der über Internet die Tagesnachrichten aus der alten Heimat vermittelt. Die Trennwände zur Küche liess George Nambuseril heraus reissen, «damit die Ehefrau und Mutter sich beim Kochen trotzdem im Kreise ihrer Familie fühlen kann, denn das Zusammensein ist das wichtigste.» Gekocht wird von Rosili, und zwar zwei- oder dreimal in der Woche indisch, was vor allem Reis, Tapioka (eine Art Kartoffeln), Fisch und Huhn bedeutet. An schweizerische Gerichte hat sich die Familie – wie an manches andere ihres Gastlandes – längst gewöhnt, im Sommer wird gerne im Garten grilliert. Das AKZENTE-Team durfte sich an einem vorzüglichen Menu «à la Indien» erfreuen – und anschliessend am fröhlichen Tanzen der Kinder zu indischer Musik.

Rezepte für 4 Personen

Fishcuttlet – Fischburger

1 kg	Kartoffeln gekocht
2 Stk.	Zwiebeln, klein geschnitten
2 Büchsen	Thonfisch
1 Prise	schwarze Senfkörner
1 EL	Ingwer kleingeschnitten
1 EL	Knoblauch kleingeschnitten
10	Curryblätter
1 Prise	Salz
2-3	Eier, zerschlagen
	Paniermehl
	Öl zum Fritieren

Ingwer, Knoblauch, Zwiebeln im Öl anbraten. Den Thonfisch ausdrücken und auseinandernehmen, Curryblätter dazugeben und mit den Gewürzen in der Pfanne mischen, bis eine bräunliche Farbe entsteht. Danach die gekochten Kartoffeln raffeln, dazugeben und mischen.
Ca 15 Min. braten, bis Thonfisch braun ist. Mischung zu kleinen Hamburgern formen, in Ei und Paniermehl drehen und im Öl fritieren.

«Fishcuttlet» wird mit einem Zwiebelsalat serviert. Dazu 2 kleingeschnittene Zwiebeln mit 2 EL Essig mischen und austropfen lassen. Mit 2 EL Naturjoghurt mischen und 2 kleingeschnittene Tomaten daruntermischen. Salz und Pfeffer nach Belieben.

Chicken Masala

1 kg	Poulet, in kleine Stücke schneiden
1-2	Zwiebeln halbiert, in dünne Streifen geschnitten
3 El	Öl
1 Prise	schwarze Senfkörner
1 EL	Ingwer geschnitten
1 EL	Knoblauch geschnitten
2-3 Stk.	Grüne, mittelscharfe Chilischoten
1 Prise	Salz
1 EL	Korianderpulver
1 EL	Currypulver
200ml	Kokosnussmilch
2 TL	Garam masala (Zimtstange, Nelken, Kardomonkapsel, Pfeffer)
1/2 TL	Kurkuma (Gelbwurz)
10	Curryblätter

Senfkörner im heissem Öl anbraten bis sie aufspringen, danach Zwiebeln, Knoblauch, Ingwer, grüne Chilischoten, Curryblätter anbraten. Mit den ganzen Gewürzen (Garam masala, Currypulver, Korianderpulver, Kurkuma) mischen und erwärmen. Kleingeschnittenes Poulet in die Pfanne geben und etwas Wasser dazugeben und alles mischen, zugedeckt 30 Min. kochen lassen. 10 Min. vor dem rausnehmen gebratene Kartoffelscheiben und Kokosnussmilch dazugeben.
Mit Basmatireis oder Trockenreis servieren.

Darfs ein wenig scharf sein? Dann sind Fishcuttlets und Chicken Masala mit Ingwer und Chili das Richtige.

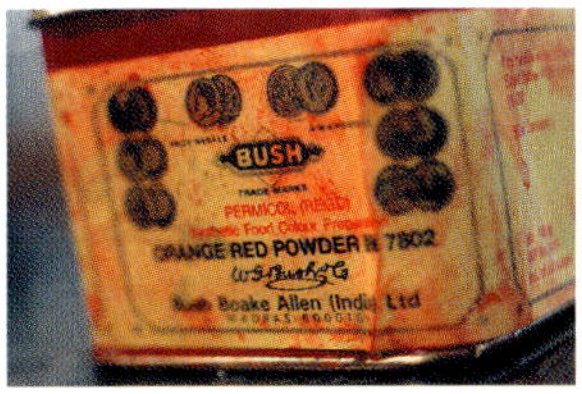

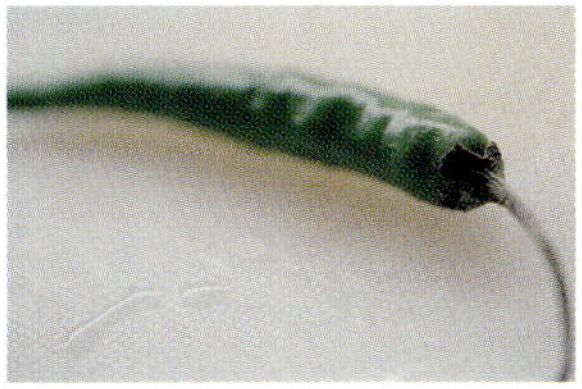

Hagelslag, Hutspot und Rösti

Wenn Niederländer sich als Grenchner fühlen

Der «Vaalser Berg», Hollands höchste Erhebung, misst knapp über 300 m Höhe, bei uns ragen die Berge bis in die Wolken – das ist wohl der grösste Unterschied zwischen den beiden Ländern neben vielen anderen. Vielleicht gerade die Divergenzen zur Schweiz aber machen uns die Niederlande liebenswert. Wir schätzen die Windmühlen und Blumenfelder, die Meeresküste und die Grachten, die Kunstschätze in den Museen und die Architektur der Städte. Wir bewundern den holländischen Fussball und die sprichwörtliche Lockerheit der Menschen. Nur die holländische Küche, die niederländische Tischkultur hat bei uns nicht gerade den besten Ruf. Mit leichtem Schaudern erinnern sich Holland-Besucher an Pommes-frites mit Ketchup oder Majonnaise und zucken ansonsten mit den Schultern, wenn sie nach holländischem Essen befragt werden. Marjo und Jan Swager van Dok, die mit ihren beiden schulpflichtigen Kindern Nina und Joris in Grenchen leben, denken natürlich etwas anders über die Küche ihres Heimatlandes. Sie lieben mitlerweile Rösti und halten Gruyère für den besten Käse, aber auf ein bisschen Niederlande wollen sie nicht verzichten. Etwa auf «Hagelslag» (kleine Schoko-Stifte), die aufs Frühstücksbrot gestreut werden, oder auf «Fritessaus», also auf Pommes-Frites-Sosse. Und gelegentlich kommt «Hutspot» auf den Tisch, eine typisch holländische Speise aus Kartoffeln und Gelben Rüben, die nach dem Kochen zerstampft und zusammen mit «Haschee», einer Art Rindsragout, ser-

viert wird. Nachher gibt es dann «Holländischer Apfelkuchen».

Bild linke Seite: **Hier gefällt es der Familie Swager van Dok: Hoch über Grenchen auf dem Berg.**

Das Eigenheim ist praktisch eingerichtet – gleich neben dem Kochherd wird angerichtet und gegessen.

Marjo und Jan, die sich beim Kochen gut ergänzen, stellen gemeinsam fest: «Essen hat in unserer Heimat keinen so grossen Stellenwert wie in der Schweiz.» Brot etwa gibt es fast nur als helles oder dunkles Kastenbrot, Pasta wird in den Restaurants weich und geschmacklos auf den Tisch gebracht («ausser in den Spezialitäten-Gaststätten»), Gemüse allerdings bietet sich aus den Gewächshäusern vielfältig und frisch zu allen Jahreszeiten an. «Zum Essen wird kaum getrunken», fügt Mario an, «bestenfalls Wasser oder Apfelsaft, nur sehr selten Wein oder Bier».

In Grenchen längst zuhause

Marjo Swager van Dok stammt aus Haaksbergen bei Enschede, Jan (der das «Swager» in seinem Familiennamen von seiner Mutter «erbte» und dafür eine königliche Bewilligung benötigte) wurde in Kraggenburg, das 70 km östlich von Amsterdam vier Meter unter Meereshöhe liegt, geboren. Die beiden lernten sich beim Studium in Deventer kennen (Sie: Umweltwissenschaft, Er: Physiotherapie). Nach zwei Jahren zogen sie als Ehepaar in die Schweiz und arbeiteten als Hochbauzeichnerin und als Physiotherapeut in Biel. «Als wir uns entschlossen, nach Grenchen zu ziehen, wurde uns dringend

Rindfleisch, Zwiebeln und Karotten – unentbehrlich für Hutspot mit Hachée.

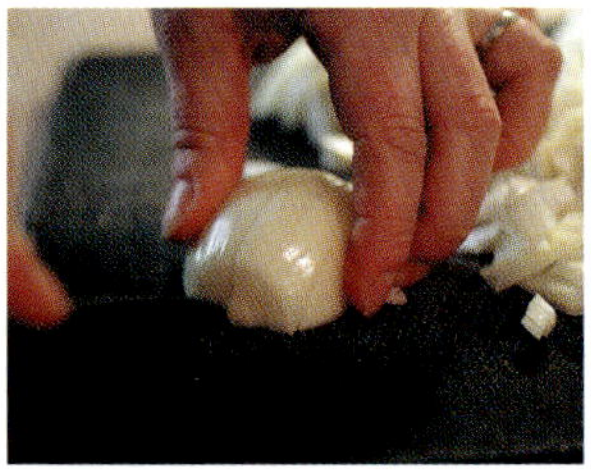

Rezepte für 4 Personen

Holländisches Hachée

600 gr Rindsragout in kleine Stücke geschnitten
300 gr Zwiebeln, grob geschnitten
2 Nelken, ganz
1 Lorbeerblatt
50 gr Butter
0,5 Lt Rindsbouillon
50 gr Mehl
etwas Essig oder Zitronensaft
Pfeffer und Salz

Zwiebeln in der Butter unter Rühren anbraten, Mehl darüberstreuen und alles schön braun anbraten. Gewürze und Bouillon hinzufügen und später noch das Fleisch dazu 5 Min. kochen lassen und mit Pfeffer, Salz und Zitronensaft abschmecken.

Das Ganze eine Stunde kochen lassen ohne anzubrennen, ev. etwas Flüssigkeit hinzufügen. Ev. mit Curry, Worchestersauce oder Aromat nachwürzen.

Holländischer Hutspot

1,5 kg Kartoffeln
1,5 kg Karotten
400 gr Zwiebeln
100 gr Butter
1 dl Milch

Kartoffeln, Karotten und Zwiebeln in grosse Stücke schneiden und in Salzwasser kochen bis sie weich sind. Wasser abgiessen, Milch und Butter beigeben und das Ganze aufkochen. Mit zwei grossen Kochlöffeln durcheinandermischen bis es eine Masse gibt. Abschmecken.
Mit Apfelmus servieren.

Hutspot ist ein typisches holländisches Wintergericht.

abgeraten», erzählt Jan, «aber wir haben das nie bereut. Seit 12 Jahren fühlen wir uns alle – die beiden Kinder eingeschlossen – hier äusserst wohl. Und mit dem Bau unseres Einfamilienhauses im Nordosten Grenchens stand für uns fest: Das ist für immer unsere neue Heimat». Für Verbindung mit der alten Heimat sorgen Verwandtenbesuche und das niederländische Fernsehen per Spezialantenne.

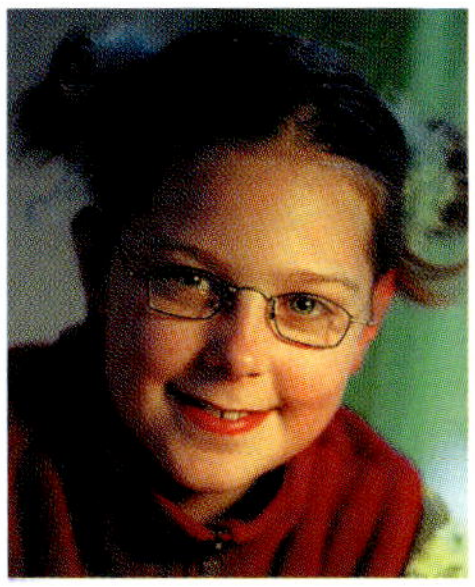

Nina und Joris sind echte Grenchner Kinder, mit Begeisterung schauen sie sich aber auch TV-Sendungen aus Holland an.

Da lässt sich nur sagen: Guten Appetit!

Joggen und Gestalten

Jan Swager van Dok kennt «man» in Grenchen. Als beliebter und anerkannt tüchtiger Physiotherapeut wirkt er, zusammen mit anderen Kollegen aus dem Heimatland, in der Gemeinschaftspraxis im «Postmarkt». Bis Mitte September betreute er zudem – während acht Jahren – halbtags die Filiale in Arch: Den Weg dorthin und zurück bewältigte er mit dem Velo. Und so nebenbei beschäftigt er sich mit Leistungsdiagnostik. Sein grosses Hobby, das Joggen, führt ihn fast täglich in die Jurawälder: «Zwischen Pieterlen und dem Weissenstein kenne ich jeden Weg». Aber auch die verschlungenen Pfade im Internet sind ihm vertraut, im Keller des Eigenheims finden sich die nötigen Anlagen. Gleich nebenan hat Marjo ihren Bastelraum. Hier fertigt sie lustige Mobils und ähnliches und gibt gelegentlich auch Kurse für Dekoratives Gestalten. Besonders am Herzen liegen ihr Kinder und Jugendliche – nicht nur ihre eigenen. Sie ist bei der ISG (Interessengemeinschaft für Spielplätze Grenchen) tätig und half mit beim Neuaufbau im «Lindenhaus». Für die Zukunft hat Marjo auch schon Pläne: «Wenn die Kinder grösser sind, möchte ich mich in der Innendekoration oder Innenarchitektur beschäftigen und vielleicht ein eigenes Atelier führen.» Die Grundlagen dafür hat sie bei ihrer Arbeit im Architekturbüro Branger, bei einer Küchenbau-Firma in Biel und bei Architekt Elgart in Bettlach geschaffen. Und die sowohl schmucke wie heimelige Einrichtung des eigenen Hauses spricht für sich: Man fühlt sich wohl bei Marjo und Jan.

Das Schwarze Gold der Steiermark

Theresia Wenger schwört auf Kürbiskernöl

«Die besseren Wiener Schnitzel mache ich», behauptet Enrico «Rico» Wenger und seine Gattin Theresia mag ihm da nicht widersprechen. Die beiden lernten sich 1966 in Grenchen kennen und vermählten sich noch im gleichen Jahr. Seitdem sind sie sich auch auf kulinarischem Gebiet einig: Gekocht wird, was gut schmeckt, ob das Rezept nun aus Österreich oder aus der Schweiz stammt. Wie seine Gattin, schwingt auch Rico – wenn er frei von Berufspflichten ist – gerne den Kochlöffel. Weil Theresia Wenger aus der Steiermark stammt, spielt beim Kochen im Wenger-Haushalt das Kürbiskernöl, «das Schwarze Gold der Steiermark», von dem pro Jahr über zwei Millionen Liter produziert werden, eine gewichtige Rolle. Ein Kochbuch der Steirer Küche ist für den Bedarfsfall auch schnell zu Hand. Darin wird etwa zum Frühstück eine «Saure Suppe» (Rindsbrühe mit Essig) oder ein «Sterz» (Buchweizen in Butter) empfohlen, zur Jause (z'Vieri) bietet sich «Verhackertes mit Knobli» (Geräuchertes) als Brotaufstrich an.

Mittags isst man in der Steiermark gerne süsse oder gesalzene Strudel mit Kraut und Kartoffeln, beim Nachtmahl gibt es «Tammerl», eine Art Pfannkuchen, und andere Süssspeisen. Zwischendurch offeriert man «Sülz mit Kürbiskernöl». Das alles schmeckt nicht nur der Steiermärkerin Theresia, sondern auch Rico Wenger, der mit seiner Frau immer wieder mal in den Südosten Österreichs fährt, um die – vor allem in der wärmeren Jahreszeit – herrliche Natur zu geniessen (und eben auch die Steirer Küche).

Wengers lieben ihren Garten (Bild linke Seite), aber auch die Erinnerungsstücke an die Steiermark.

Enrico «Rico» Wenger ist Chefbademeister im Grenchner Gartenbad und deshalb eine «öffentliche Person» in der Uhrenstadt. Kaum bekannt aber dürfte sein, dass Rico ein gelernter Uhrmacher ist und in der Ebauches Bettlach als Abteilungschef amtete. 1973 dann, als es bei den Uhrenfirmen zu kriseln begann, wechselte er zum nassen Element und trat unter Bruno Gasser als Bademeister in den Dienst der Stadt. Als dessen Nachfolger wirft er seit Jahren ein scharfes Auge auf den Badebetrieb in der schönen Anlage im Süden Grenchens und sorgt dafür, dass alles rund läuft. In fünf Jahren geht er in Pension, aber Angst vor dem «AHV-Loch» hat er keineswegs. Angeln, Pilze sammeln, Kochen, Tiere «und überhaupt die Natur» werden ihn neben der Familie, dem Haus und dem Garten bestimmt ausreichend beschäftigen.

Na ja, die Wiener...

Theresia Wenger, die Steiermärkerin, hat gar nichts gegen ihre Landsleute aus Wien, aber sie erinnert sich noch gut daran, dass in den sechziger Jahren, als in der Nähe ihres Heimatortes Stubenberg am See in der Oststeiermark ein grosser

Stausee errichtet wurde, ein wahrer Proteststurm losbrach: Man befürchtete, dass die Gegend zum Erholungsgebiet der Wiener würde. «Und so kam es auch» weiss Theresia, die das aber nicht mehr «live» erlebte. Sie zog 1961 in die Schweiz und arbeitete im Service in Täuffelen, Reinach und Luzern, ehe sie in der Grenchner «Oeli», im «Krebs» und im Parktheater die Gäste betreute. Zuletzt war sie in der Wäscherei im Grenchner Regionalspital tätig, wo es ihr ausgezeichnet gefiel; leider jedoch wurde die Wäscherei im Sommer 2002 aufgelöst.

Rico, der Österreicher-Präsident

Zuhause bei Wengers spürt der Besucher schon eine recht enge Bindung an die Steiermark, die durch Besuche immer wieder aufgefrischt wird. An Theresias Elternhaus erinnern sorgsam gehütete Stücke wie etwa ein alter Mostkrug, Gläser oder ein Bügeleisen, auf die auch Rico stolz ist. Schliesslich war er ja auch ein Dutzend Jahre lang Präsident des Vereins Freunde Österreichs Grenchen und Umgebung (Theresia war Vorstandsmitglied). Etwa 50 bis 60 Mitglieder gehören dem Verein an, darunter auch einige Schweizer Paare, die besondere Sympathie mit unserem Nachbarland empfinden. Die Freunde Österreichs organisieren Ausflüge (natürlich auch nach Österreich), treffen sich einmal monatlich zu einem Höck und präsentieren

Wenn Theresia gekocht hat, schmeckt es nicht nur Rico, sondern auch den Gästen vom AKZENTE-Team, die natürlich auch Flüssiges aus der Steiermark kosten durften.

Bild rechte Seite: Apfelstrudel von Theresia – etwas ganz Feines!

Rezepte für 6 Personen

Gekochtes Rindfleisch

600 gr	Rindfleisch (Tafelspitz, Hieferscherzel)
	Wurzelwerk
	Zwiebel
	Salz
	Pfefferkörner
1 kleines	Rindsleberstück

Das Fleisch rasch waschen und in den gesalzenen, kochenden Wurzelsud legen und langsam kochen lassen.

Semmelknödel mit Semmelbröseln abgeschmalzt

5	altbackene Semmeln (Weggli)
	Petersilie gehackt
1/4 Lt	Milch
1 TL	Fett
2	Eier
	Salz
	eine handvoll Bröseln (Paniermehl)

3 würfelig geschnittene Semmeln rösten, ein bisschen gehackte Petersilie dazugeben. 2 ganze Semmeln in Milch einweichen und ausdrücken.
Zu den gerösteten Semmelwürfeln geben. Fett, Eier, Bröseln und Salz daruntermischen. Die Masse etwas anziehen lassen. Mit nassen Händen Knödel formen und in leicht siedendem Salzwasser ca 10 Minuten kochen lassen. In einer feuerfesten Schüssel ca 2-3 Esslöffel Butter zergehen lassen. Soviel Bröseln unterrühren, dass eine lockere Masse entsteht.
Die gut abgetropften Knödel darin wenden.

Apfelstrudel

250 gr	Mehl
1 EL	Öl
	Salz
1/8 Lt	Wasser
1 kg	Äpfel
100 gr	Fett
100 gr	Brösel
50 gr	Zucker
80 gr	Rosinen

Aus Mehl, Öl, Salz und Wasser einen Strudelteig zubereiten. Äpfel schälen oder hobeln, die Brösel mit Zucker und Zimt in Fett rösten. Den Teig auf einem bemehlten Tuch fein ausziehen, 2/3 des Teiges mit den gerösteten Bröseln, den Äpfeln und Rosinen bestreuen, 1/3 des Teiges mit Fett bestreichen, den Strudel so zusammenrollen, dass das Letzte nach oben kommt, und dann 3/4 Stunden im Rohr bei 220° backen.

sich kulinarisch bei Grenchner Festlichkeiten. Gute Beziehungen verbinden die Freunde Österreichs mit der Kleintiersiedlung.

Eine scharfe Sache

Nein, Wengers Hund, der den Garten in der Nähe des Südbahnhofs bewacht, ist nicht besonders scharf. Aber in diesem Garten wächst eine Wurzel, die an Schärfe nichts zu wünschen übrig lässt, nämlich Meerrettich. In Österreich freilich spricht man von Kren – und Kren ist neben dem Kürbiskernöl auch in der Wenger-Küche durchaus gebräuchlich. Das AKZENTE-Team durfte Kren in einer etwas gemilderten Form kennen lernen: Als Kren-Sauce, die mit Butter, etwas Mehl, Eigelb, Zitronensaft, Pfeffer, Salz und geriebenem Kren angerichtet und zu gekochtem Rindfleisch und Semmelknödel serviert wird. Und zum Dessert gabs einen wunderbaren Apfelstrudel...

Eine sehr schöne Blume aus Thailand

Treffpunkt Coiffeur-Salon: Buppachailai und Werner Kunz

Dass andere Länder auch andere Sitten haben, ist bekannt. Dass sich in Thailand die Mädchen ihren Vornamen eines Tages selber wählen dürfen, ist zumindest eine recht interessante Abwandlung hiesiger Gewohnheiten. Die Ehefrau von Werner Kunz suchte sich anlässlich ihrer Auswanderung in die Schweiz den Vornamen Buppachailai aus, und das heisst: Sehr schöne Blume. Werner Kunz entdeckte die Thai-Blüte, als er mit Kollegen in Thailand herumreiste und sich wieder einmal die langen Haare (die inzwischen weniger geworden sind) kürzen lassen wollte. Das war 1982, «aber ich musste dann allerhand Bürokratie überwinden», erinnert sich der Automechaniker, «ehe ich Buppachailai in die Schweiz holen und heiraten konnte». Für die thailändische Blume war die Versetzung in Schweizer Erde auch nicht ganz leicht: «Das Klima sagte mir gar nicht zu, erst nach vier oder fünf Jahren hatte ich mich daran gewöhnt. Und alles war ja ganz anders als zu Hause, vor allem mit der Sprache hatte ich zuerst grosse Probleme». Buppachailai stammt aus dem Nordosten Thailands, nahe bei Laos am Rand eines Gebirges, wo eine karge Sandstein-Ebene nur Landwirtschaft erlaubt. Sie kam gerne nach Grenchen, «weil mir das auch erlaubte, meine Familie finanziell etwas zu unterstützen». Seit 1984 arbeitet sie in der ETA und ist heute im Werk 1 in der Endmontage tätig. Bilder von Königin Sirikit und König Bumiphol an den Wänden des Eigenheims an der Mühlestrasse bezeugen die Verbundenheit mit Thailand, die sich auch in vielen anderen Dingen zeigt. So ist Buppachailai Präsidentin der Thai Gruppe Solothurn und – zusammen mit ihrem Mann – Organisatorin von vielerlei Anlässen, etwa dem jährlichen

Thai-Fest, das neuerdings in der Grenchner Alten Turnhalle stattfindet und immer ein schöner Erfolg ist.

Eines Tages in Thailand leben...

Gewiss ist es kein ganz grosser Zufall, dass Werner und Buppachailai ein Paar wurden, sondern Bestimmung, denn Werner Kunz ist sozusagen ein halber Thailänder – er reiste viel im Land herum, wobei es ihm die Freundlichkeit der Leute besonders angetan hat, und er weiss sehr viel über die Kultur und Gebräuche. Beispielsweise kann er auf Anhieb sagen, welches Jahr man in Thailand im Jahre 2002 schrieb, nämlich 2545, und schnell hat er auch ausgerechnet, dass demnach seine Frau im Jahr 2503 geboren wurde und ihm also weit voraus ist. Kein Wunder, ist Werner Kunz zukunftsorientiert, was Thailand betrifft: «Wenn ich 50 bin, möchte ich ins Heimatland meiner Frau auswandern und dort bleiben. Wir haben uns in ihrem Heimatort ein Haus gebaut und ein Stück Land gekauft, das ich dann mit Verwandten zusammen bewirtschaften möchte.» Buppachailai wäre eher dafür, abwechselnd – etwa im Halbjahresrhythmus – in Grenchen und in Thailand zu wohnen. Und Sohn Krisanu und Tochter Anita sehen ihre Zukunft sogar ganz in der Schweiz...

Buppachailai besitzt eine Sammlung von über fünfzig verschiedenen Buddha-Darstellungen und reichbemalter Schüsseln aus ihrer Heimat.

Familie Kunz (links): In Grenchen oder in Thailand leben, ist die Frage...

Essen, wenn man Hunger hat

Werner Kunz weiss so manch Bemerkenswertes aus Thailand zu erzählen, über die für uns schwierige Sprache (in der die Betonung der Silben grosse Bedeutung besitzt), über die Arbeitsgewohnheiten (körperlich Anstrengendes wird meist von den Frauen bewältigt) und über die Essensbräuche: «Gegessen wird, wenn sich der Hunger meldet, dann spielt die Tageszeit keine Rolle. Und überall, wo man hinkommt, ob bei Verwandten, Bekannten oder Fremden, wird man sofort zum Essen eingeladen – irgend etwas ist immer parat zum Verspeisen.» Auch im buddhistischen Tempel der Thai in Gretzenbach SO, den Buppichailai und Werner Kunz meist gemeinsam aufsuchen, kann man essen, aber auch meditieren oder thailändische Tänze (die in der Regel mit Gebärden Geschichten erzählen) erlernen. Zuhause in der Familie Kunz wird

Gewürze spielen in der Thai-Küche eine zentrale Rolle. Buppachailai, die sehr schöne Blume, zerstösst sie auf traditionelle Art im Mörser, weil das Aroma sich so besser entfalten kann. Auch Krevetten werden derart scharf...

Rezept für 4–5 Portionen

Tom Yam Kung
Scharf-saure Suppe mit Riesenkrevetten

Kaffirlimettenblätter, Galgantwurzel, Zitronengras, Chili und Krevetten sind geschmacksbestimmend für die wohl bekannteste thailändische Suppe. Die Suppe wird mit allen Gewürzen angerichtet; man isst aber Limettenblätter, Zitronengras und Galgant nicht mit.

500 g	Riesenkrevetten roh
1	Schalotte
3	Scheiben Galgantwurzel oder Ingwer
1 TL	rote Currypaste
wenig	Öl zum Anbraten
2 Lt	Wasser
1–2	rote Chilischoten
8	Kaffirlimettenblätter
1–2	Stängel Zitronengras
1 Dose	Reisstroh-Scheidlinge (Pilze)
2 EL	Fischsauce
4 EL	Limettensaft
1 TL	Palmzucker oder Rohzucker
	Korianderblättchen zum Abschmecken

1.
Nach Belieben für die Garnitur einige Krevetten ungeschält lassen. Restliche Krevetten schälen, Darm (schwarzer Faden) unter fliessendem Wasser entfernen. Krevettenschalen und Köpfe abspülen und beiseite legen. Schalotte grob schneiden. Krevettenschalen, und -Köpfe, Schalotten, Galgant und Curry in wenig Öl ca 5 Minuten anbraten und mit Wasser ablöschen. 20 Minuten köcheln lassen. Absieben und die Krevettenbrühe zurück in die Pfanne giessen.

2.
Chilischoten grob hacken (Vorsicht: sehr scharf!), Kaffirlimettenblätter halbieren, Zitronengras in 5 cm lange Stücke schneiden, mit Limettensaft zur Krevettenbrühe geben, 2 Minuten köcheln lassen. Mit Fischsauce, Limettensaft und Palmzucker würzen. Krevettenschwänze, allenfalls ganze Krevetten und abgetropfte Pilze beifügen. 3–4 Minuten weiterköcheln. Mit Korianderblättchen und nach Belieben mit Fischsauce abschmecken und sofort servieren.

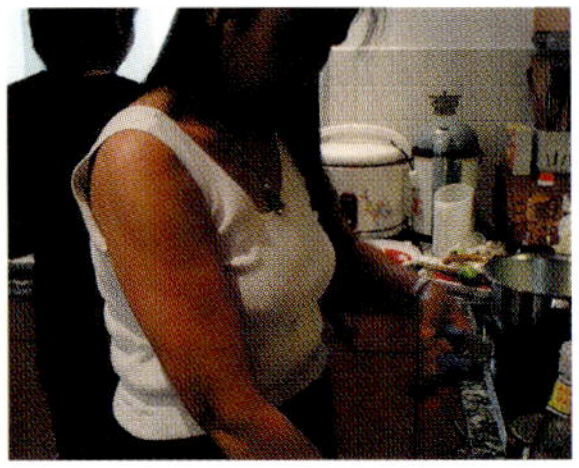

«gemischt» gekocht. Dann kommt Schweizerisches oder Italienisches auf den Tisch. Aber hie und da, zur Freude von Werner, kocht Buppachailai auch thailändisch – eine sehr aufwendige Küche, die viel Vorbereitungszeit erfordert, werden doch etwa die in Vielfalt verwendeten Gewürze nicht etwa in einer Mühle gemahlen, sondern in einem Mörser zerstossen. Typisch für die thailändische Küche ist die Vielzahl der Speisen, die auf den Tisch kommt und das AKZENTE-Team vor Probleme stellte: Was um Himmels willen soll man denn von all den Köstlichkeiten nun auswählen?

Thailändisches Essen kann schnell und einfach zubereitet werden (Touristen beobachten das in Bangkoks Strassen). Wenn Gäste bewirtet werden, kann der Aufwand aber beachtlich sein. Das durften die AKTZENTE-Leute bei Familie Kunz erleben.

Das Thai-Fest, ein Magnet für viele

Fernöstlicher Zauber in Grenchens Alter Turnhalle

Einmal im Jahr verwandelt sich die Alte Turnhalle in einen «Tempel» von exotischem Glanz: Die Thai-Gruppe Solothurn lädt dann Gäste aus der ganzen Region zum fröhlichen Thai-Fest ein. Geboten werden kulturelle Attraktionen wie etwa die traditionellen thailändischen Tänze, und natürlich gibt es auch kulinarische Genüsse aus dem Fernen Osten. Der Reingewinn fliesst vollständig an Kinderheime in Thailand und Buddhistische Klöster in der Schweiz.

Die Schwester von Buppachailai Kunz, Saranya Roos (Bild), ist Mit-Organisatorin des Thai-Fest.

Früh übt sich...

Ein Stück Kosovo im Lingeriz

Wie aus dem Albaner Kujtim Alijaj einfach «Miki» wurde

«Nein, in meine Heimat möchte ich nie mehr zurück», sagt Kujtim Alijaj ganz entschieden, «denn in Grenchen gefällt es mir ganz ausgezeichnet. Und ich habe ja auch viele Verwandte in meiner Nähe. Meine ältere Schwester zum Beispiel – die schon vor 20 Jahren in die Schweiz kam, mit einem Schweizer verheiratet und längst Schweizerin ist – wohnt im Haus nebenan, ein Onkel lebt schon lange in Büren an der Aare.» Kujtim Alijaj wanderte 1990 in die Schweiz aus. Damals existierte noch Jugoslawien als Vielvölkerstaat mit sieben Volksrepubliken. «Aber wir Albaner als Minderheit standen schon damals unter Druck und fanden kaum Arbeit», erzählt Kujtim, der in der Schweiz sofort Arbeit fand, nämlich bei der Druckerei City Offset in Grenchen, wo er prompt in «Miki» umgetauft wurde. Er hatte in Djakovë, einer Stadt in der Nähe der Kosovo-Hauptstadt Prishtina – diesen Namen kennt man bestens aus den Nachrichtensendungen der letzten Jahre – Elektrotechniker gelernt, heute ist er Hilfsdrucker und für kleinere Drucksachen zuständig.

Seine Frau Ilkije ist auch Albanerin, stammt jedoch aus Montenegro. Er lernte sie 1998 in Büren an der Aare bei einem Fest kennen, bei dem auch Ilkije, die aus Italien kommend Verwandte besuchte, teinahm. «Ich sah sie und war sofort verliebt – drei Monate später waren wir ein Ehepaar», erinnert sich Miki lächelnd. Und zwei Jahre später war das Familienglück vollkommen: «Am 1.1.2000 wurde unsere Nurije geboren ja, sie ist das Grenchner Milleniumskind», stellt der Vater stolz fest. Nurije hat inzwischen noch eine Schwester, Ajkunë, erhalten. Zum Haushalt im Lingeriz gehört auch noch die Mutter von Miki, über die man schon ein paar Worte verlieren darf. Xufe Alijaj ist nämlich 87 Jahre alt, sie hat ihren heute 33jährigen jüngsten Sohn Kujtim im Alter von 54 Jahren als «überraschenden Nachzügler» auf die Welt gebracht, was der trocken so kommentiert: «Bei uns Albanern gehen die Uhren halt etwas anders». Und er fügt an, dass es schon ganz erstaunlich sei, was seine Mutter in ihrem Leben schon alles überstanden habe: «Als sie geboren wurde, zogen gerade die Türken aus dem Kosovo ab, dann wurde das serbische Königsreich gegründet, um 1930 gab es eine Diktatur, dann wieder einen König, die deutsche Besatzung und schliesslich die Volksrepublik mit Tito an der Spitze. Was dann kam, ist ja allen noch in bester Erinnerung...».

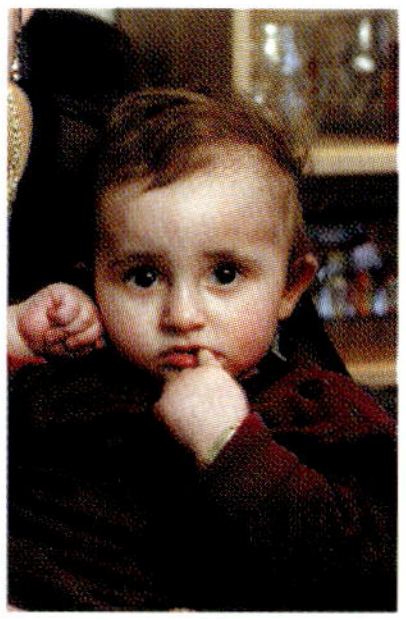

«Miki» und seine Familie: Drei Generationen unter dem Adler Albaniens (und auf dem Grenchner Flughafen).

Der albanische Adler wacht

Miki möchte sich mit seiner Familie möglichst bald einbürgern lassen, er fühlt sich integriert und akzeptiert die Lebensbedingungen und -umstände

Pite, ein gefülltes Fladenbrot, ist eine besonders empfehlenswerte albanische Spezialität, die von Ilkije Alijaj bestens zubereitet wird.

Bild rechte Seite: Sarma, albanische Krautwickel, werden zusammen mit einer Gemüsemischung von Weisskohl, Tomaten und Peperoni – gewürzt mit Paprika – serviert.

in seiner Umgebung. «Aber zuhause in meiner Wohnung ist noch ein Stück Kosovo», sagt er. Da wacht symbolisch ein albanischer Bronze-Adler hoch von einer Kredenz herab über das Geschehen. Die grosse Respektsperson in der Familie ist seine Mutter. «Bei uns wird das Alter noch respektiert» meint er und fährt eben am Sonntagnachmittag zum Grenchner Flugplatz, weil seine Mutter das so gewünscht hat – «sie sieht leidenschaftlich gerne den Flugzeugen zu, wenn sie starten und landen». Dass seine Mutter streng religiös ist (mohammedanisch) und er in dieser Angelegenheit «eher liberal» denkt,

Rezept für 7-8 Personen

Pite – Albanisches Fladenbrot

Teig zubereiten mit:

1 kg	Mehl
	Wasser
	Salz

Teig auf Mehl mit Teigroller auswallen (kleine Stücke), 10 Min. stehen lassen. Anschliessend mit Öl beidseitig bestreichen.

Füllung:

500 gr	Naturjoghurt
5	Eier
250 gr	Feta (Frischkäse)
2-3	Esslöffel Öl
1dl	Milch

Füllung auf Teig geben, zusammenrollen und zu Schnecke formen.

Ofen 10 Min. vorheizen bei maximaler Hitze.
Ca 10-15 Min. backen bis Fladen braun werden.

Rezept für 6 Personen

Sarma – Albanische Kabiswickel

1	Weisskabis (Weisskohl)

Kabisstrunk ausschneiden, dabei Blätter nicht verletzen. Ganzer Kabis dämpfen (in siedendem Wasser 30-45 Min.), aus dem Wasser nehmen. Blätter vorsichtig lösen. Auf Platte ausbreiten.

Füllung:

500 gr	Hackfleisch vom Rind
1	Handvoll Reis (roh) mit Hackfleisch mischen
2	Zwiebeln fein gehackt

alles mischen, mit Salz und Pfeffer würzen.
Füllung in Kabisblätter einwickeln, dann Kabiswickel beiseite stellen.

Restlicher Kabis fein schneiden

5-6	Peperoni (verschiedene Farben)
5-6	Tomaten

alles fein schneiden, untereinandermischen und im Öl ca 10 Min. anbraten.

1/2 TL	Paprika dazugeben
3-4 dl	Wasser, alles zusammen mischen

in Brattopf geben und Kabiswickel darauf legen
im Backofen (10 Min. vorheizen) bei 220°C kochen lassen.

Nach 15 Min. Kabiswickel umdrehen, und weitere 15 Min. kochen lassen.

ergibt in der Familie keinen Diskussionsgrund. «Gelegentlich lasse ich mich auch in der Moschee in Bellach sehen und bin dabei, wenn am Ende der Ramadan-Zeit ein Fest mit viel gutem Essen gefeiert wird. Ansonsten komme ich mit allen Leuten gut aus – ob das nun christliche Schweizer, Türken, Serben oder Kroaten sind – mir ist jeder recht, der ein anständiger Mensch ist».

Zuhause wird in der Familie Alijaj albanisch geredet – und albanisch gekocht, also mit Bohnen, Reis, Kraut und auch Kartoffeln – «und ohne Zwiebeln geht gar nichts». Die Gewürze und sonstige Zutaten gibt es mittlerweile in bestimmten Läden alle zu kaufen und Lamm- und Rindfleisch sind ja gleichfalls kein Problem. In albanischen Familien steht natürlich die Frau am Kochherd und Ilkije Alijaj besorgt dies denn auch mit Liebe und Können. Das AKZENTE-Team konnte sich davon überzeugen.

Navigieren als Lebensgefühl

Vom Neckar an die Aare: Sigrid und Werner Schweiker

Das Steuern, also Navigieren, in seinen verschiedensten Prägungen hat Werner Schweiker schon immer interessiert und wurde für ihn zu einem wichtigen Faktor in Beruf und Freizeit. Um vom »Schwabenländle» nach Grenchen zu kommen, brauchte es allerdings keine Navigationskünste. «Da war Schicksal mit im Spiel – in Form der Grenchner Wirtschaftsförderung», schmunzelt Werner Schweiker. Als nämlich 1985 die Ansiedlung neuer Industriebetriebe Thema Nummer 1 in Grenchen war, erwies sich Baden-Württemberg (und hier besonders das Gebiet um Heilbronn herum) als gutes Jagdrevier. Die Firma Behr Elektronik AG zum Beispiel baute in der Uhrenstadt eine Fabrikationsstätte für Auto-Steuerungen auf. Die Leitung wurde dem jungen Elektronik-Ingenieur Werner Schweiker übertragen, der also derart – zusammen mit seiner Ehefrau Sigrid – vom Neckar an die Aare kam. In Grenchen fühlten sich die Schweikers ziemlich schnell heimisch, «weil uns die Mentalität der Menschen anspricht und Grenchen eine wirklich schöne Umgebung hat», so Werner Schweiker. Und seine Frau ergänzt: «Wir haben hier viele Freunde gefunden und möchten eigentlich für immer bleiben». Ein Grundsatz der Schwaben lautet ja «Schaffe, schaffe, Häusle baue» – beides haben Werner und Sigrid Schweiker beherzigt. «In meinen ersten Jahren in Grenchen

konzentrierte ich mich stark auf meine beruflichen Aufgaben», erzählt Werner, «leider löste die Behr Elektronik AG ihren Grenchner Betrieb dann auf.» Von 1993 bis 1999 war er bei der Ascom in Solothurn Leiter des Produktionsengineerings. Seitdem fand er in der Bettlacher Firma Mathys Medizinaltechnik AG als Leiter der Endbearbeitung neue Aufgaben. Sigrid Schweiker, die in der Grenchner Asitrade (Herstellung und Vertrieb von Wellkartonmaschinen) angestellt ist, trug natürlich das ihre bei, den Wunsch nach einem Eigenheim zu erfüllen. Die Schweikers wohnen nun oben an der Bergstrasse und geniessen besonders den herrlichen Aus- und Überblick auf Grenchen, das Aaretal und den Bucheggberg bis hin zu den Alpen – bei entsprechender Wetterlage.

«Gesund muss es sein und schnell muss es gehen», das sind Sigrid Schweikers Thesen in der Küche.

Bild linke Seite: Sigrid und Werner Schweiker auf dem Freiplatz ihres Terrassenhauses mit herrlicher Aussicht.

Aus der Luft ins Wasser

Die Freizeit gehört bei Sigrid und Werner Schweiker weitgehend sportlichen Betätigungen wie Skifahren, Joggen oder Velofahren. Aber wenn Werner seine Freizeit-Interessen aufzählen soll, muss er weit ausholen und zurück denken: «Angefangen hat es, noch in Deutschland, mit dem Modellfliegen. Da war ich schliesslich sogar Mitglied der Nationalmannschaft, die den Weltmeistertitel holte. Mit Segel- und Motorfliegen ging es weiter – in Grenchen war ich damit am richtigen Ort nach der Auswanderung. Aus der Luft landete ich dann im Wasser. Wir besitzen mittlerweile ein Motorboot mit Heimatgewässer Bielersee. Aber sozusagen meine grosse Liebe ist seit vier Jahren der Hochsee-Segelsport – da kann ich meine Leidenschaft, das Navigieren, so richtig ausleben.» Das Mittelmeer mit der Aegäis und der Atlantik sind die bevorzugten Zielgebiete, die Werner Schweiker zusammen mit Kollegen oder auch mit seiner Frau auf Charterbooten ansteuert. Da werden dann in den Ferien pro Tag so 70 bis 80 Seemeilen zurückgelegt und immer wieder andere Häfen angelaufen. Für Werner Schweiker ist es das Schönste, «wenn ringsum nur Wasser zu sehen ist, wenn man sich

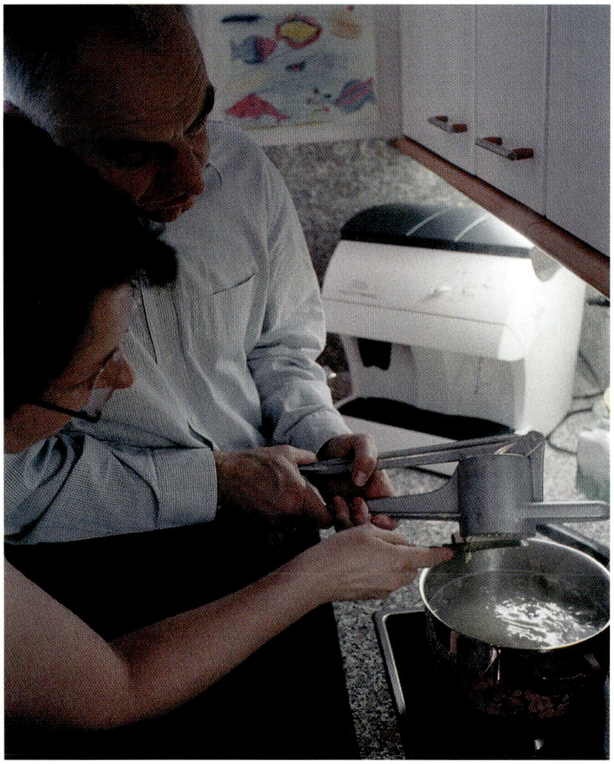

Rezepte für 6 Personen

Linsen und Spätzle

Linsen

400 gr	Linsen
mehrere	kleine Zwiebeln
200 gr	magerer gerauchter Bauchspeck
40 gr	Schweineschmalz
40 gr	Mehl
	Salz, Pfeffer
2 Paar	Seidenwürste (Ersatzweise Wienerli)

Die Linsen waschen und über Nacht in kaltem Wasser einweichen. Angeschwitzte Zwiebeln und ganzen Bauchspeck in heisses, ungesalzenes Wasser geben und weichkochen.

Aus Fett und Mehl eine braune Mehlschwitze machen und die fertigen Linsen binden. Mit Salz und Pfeffer abschmecken. Den nicht zu weich gekochten Speck in Scheiben schneiden und mit den heissen Seidenwürsten auf die angerichteten Linsen legen.

Spätzle

250 gr	Mehl
2	Eier
1 TL	Salz
1/8 Liter	Wasser
1 EL	Butter
1 EL	Weckmehl (Semmelmehl)

Aus den Zutaten einen zähen Teig kneten, bis er Blasen bildet. Ein Teil des Teigs wird auf das nasse Spätzlebrett gegeben und mit einem Spatzenschaber oder einem langen, breiten Messer als dünne Streifen in kochendes Salzwasser geschabt. Das Wasser muss immer sprudelnd kochen, solange man die Spätzle einlegt. Sobald sie hochsteigen, nimmt man sie mit einem Schaumlöffel heraus und richtet sie auf einer warmen Platte an.

Wenn der gesamte Teig auf diese Weise angerichtet ist, wird das Ganze zuletzt mit in Butter geröstetem Weckmehl geschmälzt.

Tipp: Die Beigabe eines Teelöffels Öl macht den Teig geschmeidiger.

richtig frei fühlt.» Für Sigrid Schweiker war der Segeltörn auf dem niederländischen Ijsselmeer das schönste Erlebnis.

Bilder linke Seite:
Wenn es um schwäbische Spätzle geht, hilft auch Werner beim Kochen mit.

Küche im zweiten Glied

Klar, dass bei den Schweikers in Sachen Ernährung gesunde Kost und damit viel Gemüse im Vordergrund steht. «Weil ich wenig Zeit zum Kochen finde», so Hausfrau Sigrid, «bin ich froh, dass meinem Mann und auch mir Raclette und Fondue besonders gut schmecken – und das nicht nur zur Winterzeit». Schwäbische Gerichte stehen selten auf dem Speisezettel, weil sie meistens viel Aufwand erfordern. Aber für das AKZENTE-Team erinnerte sich Sigrid Schweiker doch an heimatliches Essen und kochte Linsen und Spätzle mit «Seidewürstle», ein Gericht, das im Schwabenland sehr beliebt ist – wobei die Spätzle natürlich «hausgemacht» sein müssen!

«Pfitzauf» ist ein einfaches, aber sehr fein schmeckendes Dessert-Gebäck.

Pfitzauf

250 gr	Mehl
1 Prise	Salz
1/8 Lt	Milch
5	Eier
125 gr	Butter

Das Mehl und eine Prise Salz mit etwas Milch glattrühren, die Eier zugeben und den Teig mit kochend heisser Milch fertigrühren. Mit der Butter die Pfitzauf-Förmchen bestreichen. Den Rest der Butter heiss an den Teig rühren und sofort die Förmchen halbvoll füllen.

Etwa 30 Minuten bei guter Hitze backen, und dann aus den Förmchen stürzen.

Wichtig: Keinen Zucker beigeben – erst nach dem Backen mit Puderzucker bestreuen!

«Love Story» dank Allah

Es begann in Mombasa: Ursula Schmid und «Momo» Mwatoya

Ursula Schmid, eine «echte» Grenchnerin, ist Krankenschwester in der Chirurgie des Regionalspitals Grenchen. Ausserdem ist sie fasziniert von den afrikanischen Menschen, die immer guter Laune sind und mit allem, was das Leben so bringt, lächelnd fertig werden. Deswegen macht sie, so oft es geht, Ferien in Afrika. Kenya war (und ist) ihr bevorzugtes Reiseziel. Dort schätzt sie natürlich auch den wunderschönen Badestrand beispielsweise in Mombasa und die Möglichkeit, auf Safaris mit der Tierwelt in nahe Verbindung zu kommen. «Aber am meisten», so Ursula Schmid, «interessiert mich auf meinen Reisen die Lebensart der dort lebenden Menschen – als Krankenschwester kenne ich da keine Berührungsängste». So lernte sie in einem Hotel in Mombasa auch einen schwarzen Hotelangestellten kennen, «einen höflichen, ruhigen Typ, der kurz vor Ferienende meine Freundin und mich in gutem Deutsch fragte, ob er mit uns eine Tasse Tee trinken dürfe». Er durfte und es folgte ein Spaziergang am Strand, am letzten Tag abends dann noch ein Discobesuch. Der junge Kenyaner hiess Mohamed Mwatoya und nannte sich der Einfachheit halber Momo. Vor ihrem Rückflug fragte er Ursula Schmid, ob sie nicht einen schwarzen Mann brauchen könne. «Doch», kam die Antwort, «zum Saubermachen und Putzen in meiner Wohnung». Das aber konnte Momo nicht abschrecken. «Ich liebe dich», verkündete er, «und möchte dich unbedingt wiedersehen und dann heiraten». Ursula Schmid dachte nicht im Traum an eine Heirat und sagte das auch. Darauf Momo: «Ich werde in meinen Tag- und auch Nachtgebeten Allah bitten, dass deine Gefühle für mich so stark werden, wie meine Gefühle für dich!».

Dass Momo Mwatoya ein fröhlicher Geselle ist, sieht man schon an seiner Frisur...

Bild linke Seite: Ursula Schmid und Momo Mwatoya wandern gerne in der Höhe von Grenchen.

Momo kennt keine Probleme

Die unvollendete und vorläufig einseitige «Love Story» ereignete sich 1999. Die nächste Ferienreise hatte Ursula Schmid zusammen mit einer Freundin nach Marokko gebucht. Dann musste die Freundin im letzten Moment absagen – und Ursula entschloss sich, doch wieder nach Mombasa zu fliegen.

Ein Hauch von Kenya schon durch die Servietten – Tischgesellschaft in der kleinen, aber gemütlichen Wohnung von Ursula und Momo.

Der Rest der Liebesgeschichte, in die anscheinend Allah eingegriffen hatte, ist schnell erzählt: Momo kam vorerst mit einem Touristen-Visum für drei Monate in die Schweiz und im Januar 2001 heirateten Ursula und Momo. Seitdem leben sie glücklich und zufrieden in einer Wohnung im Schmelzi-Quartier. «Besonders freut mich», so Ursula Schmid, «dass mein Vater, der meiner Heirat mit einem schwarzen Afrikaner etwas skeptisch entgegensah, sich nun mit Momo glänzend versteht. Momo kennt auch sonst keine Probleme». Der bestätigt das lächelnd: «Ich komme mit allen Leuten gut aus. Allerdings hatte ich Glück: Ich fand sofort eine Arbeitsstelle bei der Garage Frutig, wo ich selbständig schaffen kann. Die Toleranz der Grenchnerinnen und Grenchner ist toll, auch auf den Ämtern.» Momo spielt Fussball beim FC Grenchen («aber nicht in der ersten Mannschaft») und liebt Musik. Und er kocht gelegentlich: «ich komme aus einer grossen Familie, die sehr einfach lebt», erzählt er, «einmal am Tag wird gegessen – und zwar meistens das gleiche Gericht, nämlich Mais- oder Hartweizen-«Polenta» und dazu etwas Fleisch – in der Regel Huhn – mit viel würziger Sosse.» Genau diese Speise kochte Momo auch für das AKZENTE-Team, dazu gabs Früchtetee und zum Dessert Fruchtsalat.

Vom Schmelzistutz auf den Kilimanjaro

Zurück zu Ursula Schmid, die nun wirklich viel zu erzählen hat. Beispielsweise von ihren Wanderungen in Wüstengebieten und ihren Erlebnissen mit den «blauen» Tuaregs. «Ich laufe sehr gerne», sagt sie, «unter anderem oft auf den Grenchenberg. Aber mein grösstes Abenteuer war die Besteigung des höchsten afrikanischen Berges, des fast 6000 m hohen Kilimanjaro in Tansania». Ursula Schmid gehörte einer Gruppe an, die vom Schweizer Bergführer H.-P. Ryf geleitet wurde. Sie erzählt: «Die Besteigung des vergletscherten Kibo-Gipfels – des höchsten der drei Gipfel des Kilimanjaro-Vulkan-Massivs – dauerte fünf Tage. Sie erforderte viel Fitness und war eine ausserordentliche Herausforderung des Einsatzwillens. Aber ich wurde entschädigt durch eine grandiose Fernsicht und ein unbeschreibliches Gefühl, als wir oben standen.» Vom «gewaltigen Erlebnis» zeugen viele schöne Fotos, die Ursula Schmid später an ihr afrikanisches Zweitleben erinnern werden. Das beste «Souvenir» hat sie mit Momo mitgebracht...

Rezepte für 6 Personen

Ugali

2-2,5 Lt	Wasser
1,5 Kg	Hartweizengriess oder Maismehl
	Salz

Das Wasser aufkochen und nach Belieben salzen, Hartweizengriess zugeben und ca 15-20 Minuten kochen.

Upishi – Poulet an Tomatensauce

8-10	Pouletschnitzel

Pouletschnitzel in ca 2 cm dicke Stücke schneiden. In einer Bratpfanne ganz wenig Wasser zum kochen bringen. Fleischstücke hineingeben und ca 5 Minuten kochen.

Tomatensauce

6	Tomaten
2	Zwiebeln
	Bratbutter
2 EL	Tomatenpüree
3 EL	Ketchup
1 EL	Balsamico rot
	Rahm
	Salz

Die Tomaten schälen und in Scheiben schneiden. Zwiebeln schälen, halbieren und in Scheiben schneiden.
In der Pfanne Bratbutter heiss werden lassen und geschnittene Zwiebeln und Tomaten beigeben und ca 3 Minuten kochen lassen. Tomatenpüree, Ketchup und roten Balsamico-Essig beigeben.
Je nach Geschmack Rahm/Milch/Wasser beigeben, salzen und ca 20 Minuten kochen lassen.

Fleisch dazugeben und weitere 10 Min. kochen lassen.

Ein grosser Koch ist Momo vielleicht nicht, aber Ugali mit Upishi und Tomatensauce bringt er einwandfrei auf den Tisch.

«Centro Español» als Heimatersatz

Seit 33 Jahren in Grenchen: Andres und Chon Cabezon

Wählt man bei einem Bummel durch Grenchen an der Bettlachstrasse bei der Bäckerei Egli die Abkürzung zur Marktstrasse, so passiert man ein Gebäude, an dem auf rot-gelb-rotem Untergrund zu lesen ist: «Centro Español Cultural-Recreativo». Früher mischte hier «Malameista Günta Stauffa» seine Farben, heute werden an Wochenend-Abenden die Zutaten für spanische Spezialitäten zusammengerührt. Denn hier treffen sich die in Grenchen ansässigen Spanier – oft auch Leute aus «zugewandten Orten» – zu gesprächigem Zusammensein, zu Karten- und anderen Spielen und natürlich auch zu gemeinsamen Mahlzeiten. An Festtagen, wie beispielsweise am Muttertag (der nach spanischem Brauch am ersten Maisonntag gefeiert wird), gibt es Produktionen der Kinder zu sehen und zu hören, und zu einem Glas Wein aus Taragona oder dem Rioja sind Gäste auch nicht-spanischer Zunge herzlich willkommen. Für Spanier ist ihr «Centro» nicht mehr und nicht weniger als ein Stück Heimat. Auch für Andres und Chon Cabezon, die vor rund 40 Jahren in die Schweiz einwanderten und seit 33 Jahren in Grenchen leben.

Chon Cabezon (auf der linken Seite mit Ehemann Andres) kocht gerne auch für Gäste.

Die beiden Eheleute stammen aus der Stadt Palencia in der Provinz Castilla-Leon, einer Hochebene zwischen Madrid und dem Baskenland. «Unsere Provinz», erzählt Andres Cabezon, «ist eine von Landwirtschaft geprägte Zone, in der es wohl Produktionsbetriebe gibt, aber kaum Industrie. Als in den sechziger Jahren die Schweiz Arbeitskräfte suchte, entschlossen sich viele Leute gerade aus Castilla-Leon, in das uns weitgehend unbekannte, aber vielgelobte Land im Herzen Europas auszuwandern. Wir wussten nicht, was uns in der Schweiz erwartet, aber wir haben unseren Entschluss nie bereut.» Andres Cabezon und Chon (Maria) Rodriguez waren schon verheiratet, als Andres erst einmal in der Schweiz «schnupperte».

Uhren-Boom lockte

1964 zog das Ehepaar endgültig in die Schweiz und liess sich in Langenthal nieder, wo Andres in der Porzellanfabrik Arbeit fand. «Die Zukunft sah in dieser Branche aber nicht gerade glänzend aus», erinnert sich Andres, «und man hörte immer wieder Gutes von Grenchen, wo die Uhrenindustrie boomte. So zügelten wir 1969 in die Uhrenstadt, wo ich bis 1973 in der Rodania angestellt war. Leider kriselte es nun auch bei den Uhrengrüblern – ich aber hatte Glück und konnte in die Sinterwerke wechseln. Hier arbeitete ich fast 30 Jahre an einem Arbeitsplatz, der mir zusagte».

Die Verbindung mit der alten Heimat ging nie verloren. Mindestens einmal im Jahr besuchen die Cabezons Verwandte in der Gegend von Palencia

Die Familie Cabezon stammt zwar nicht aus einer der spanischen Küsten-Provinzen, aber Muscheln sind gleichwohl ein Lieblingsgericht.

Rezept für 6 Personen

Almejas a la marinera
Venusmuscheln nach Seemannsart

1,5 kg	Muscheln
25 gr	Butter
1 dl	Olivenöl
2	mittlere Zwiebeln
2	Knoblauchzehen
1	kl. Bund Petersilie
1	Lorbeerblatt
2 EL	Mehl
2	Chilischoten (Peperoncini)
1	kleines Glas Cognac

Sehr wichtig: Muscheln aussortieren, diejenigen die geschlossen sind wegwerfen. Muscheln sehr gut waschen. Dann einige Stunden in gesalzenem Wasser stehen lassen, erneut waschen. Die Muscheln mit wenig Wasser aufkochen. Sobald diese sich geöffnet haben aus dem Wasser nehmen und beides zur Seite legen. Die Zwiebeln, den Knoblauch und die Petersilie ganz fein hacken und in Butter und Olivenöl andämpfen. Das Mehl, die Chilischoten und das Lorbeerblatt beifügen, kurz mitdämpfen und den Cognac mit ein wenig Kochwassers beifügen (Kochwasser vorerst sieben).
Das Ganze salzen. Die Muscheln beigeben und ein wenig kochen lassen.
In grosse Schüssel oder Platte geben–servieren.

und informieren sich über das Geschehen, das sich seit den sechziger Jahren schon etwas gewandelt hat. Andres ist seit kurzem – nach 40 arbeitsreichen Jahren – pensioniert. Was er in Zukunft machen wird, weiss er noch nicht so recht: «Ich muss das noch ausgiebig mit meiner Frau besprechen. Sie hat unermüdlich dazu beigetragen, dass es uns gut ging. Sie fühlt sich – wie ich auch – wohl in Grenchen und kennt viele Leute, die sie vermissen würde. Aber es ist möglich, dass wir nach Spanien zurückkehren und zwar nicht nach Palencia, wo das Klima nicht gerade verlockend ist, sondern nach Alicante – da scheint fast immer die Sonne.»

Nichte Rosmarie und ihr Töchterlein Soraya besuchen gerne Chon und Andres Gabecon und geniessen, wie das AKZENTE-Team, die vielgerühmte spanische Gastfreundschaft.

Sangria gehört dazu

Bis zu einer eventuellen Rückwanderung ins Land der Sonne bleibt Andres und Chon Cabezon das «Centro» (früher war es an der Breitengasse domiziliert), wo auch «spanisches Klima» herrscht. Und in der Wohnung im Südquartier erinnern reizende Aquarelle, von Chon gemalt, an die Heimat. Für die Besucher von AKZENTE wurde natürlich spanisch aufgetischt. Das begann mit Sangria und endete nach mehreren Gerichten noch lange nicht bei feinem spanischen Cognac. Worauf sich die AKZENTE-Leute überlegten, ob sie nicht nach Spanien auswandern sollten...

Grieche fand Griechin – frei nach F.D.

Treffpunkt Bern: Michail und Opaja Diamantis

In Friedrich Dürrenmatts Prosakomödie «Grieche sucht Griechin» findet Archilochos dank einer Zeitungsanonce Cloe und verliebt sich in sie. Die Geschichte der beiden Griechen, die in einer westeuropäischen Stadt» (womit aber Bern gemeint ist) ein temporäres Paar werden, endet chaotisch und anarchisch. F.D. fügt allerdings ein «Ende für Leihbibliotheken» an, das mit einem Happy End ausklingt. Nimmt man Dürrenmatts Leihbibliotheks-Fassung von «Grieche sucht Griechin», so erinnert sie ein wenig an die Geschichte, wie sich Michail und Opaja Diamantis kennen lernten. Michail suchte in Bern tatsächlich eine Griechin und fand sie per Zufall in Gestalt von Opaja. Unter anderen Vorzeichen hätten sich die beiden niemals getroffen. Michail nämlich stammt von Sifnos, einer der über 200 Kykladen-Inseln in der

Aegäis, Opaja dagegen wurde in Kosani in Makedonien geboren: er kommt also aus dem Süden, sie aus dem Norden Griechenlands.

«Anfangs der sechziger Jahre», erinnert sich Michail Diamantis, war Griechenland nach Krieg und Bürgerkrieg verarmt. Sehr viele Menschen sahen ihre Chance zur Verbesserung ihrer Existenz nur noch im Verlassen der Heimat. Es kam zu einer wahren Auswanderungswelle in Richtung Deutschland, Schweiz, Österreich, Belgien oder gar USA und Australien. Ich hatte den Mechaniker-Beruf erlernt und entschied mich für die Schweiz. In Ersigen fand ich eine erste Stelle.» Seine zukünftige Frau war etwa zur gleichen Zeit in die Schweiz eingewandert. Sie hatte in Athen Damenschneiderin gelernt und wollte unbedingt die Schweiz kennenlernen. «Aber meine Mutter wehrte sich ganz energisch gegen mein Vorhaben. Schliesslich setzte ich doch meinen Kopf durch und schnupperte vorerst in Heiligenschwendi (bei Thun), dann in Bern, wo ich Michail kennen lernte. Wir heirateten und durften uns bald über Nachwuchs freuen: eine Tochter, die heute im Aargauischen verheiratet ist, und einen Sohn, der im vergangenen Sommer eine Familie gründete.»

Stolz darauf, ein Grenchner zu sein

1969 zügelte die Familie Diamantis nach Grenchen, weil Michail gesundheitlicher Probleme wegen leichtere Arbeit gesucht und in der Uhrenindustrie (bei der ASSA) gefunden hatte. Heute ist er Lehrlingsausbilder in der ETA. Seine Frau eröffnete 1972 ein Nähatelier, das sie der Einfachheit wegen «Opaja» nannte: Es war zuerst oben in der Schmelzi, dann

Bild linke Seite:
Michail und Opaja Diamantis sind Grenchner Bürger.
Die Viadukte beeindruckten sie von Anfang an besonders.

Im gediegen eingerichteten Haus stehen viele Kostbarkeiten aus der griechischen Heimat.

Opaja Diamantis kocht nach den Rezepten ihrer Mutter für Gäste: Zeitaufwendig, aber dafür variantenreich und sehr, sehr schmackhaft.

an der Kirchstrasse, weiter an der Kapellstrasse und ist nun an der Marktstrasse domiziliert. Michail, der nach Feierabend oft im «Atelier Opaja» mithilft, wird im Sommer 2003 pensioniert. «Aber wir gehen nicht nach Griechenland zurück», betont er, «wir bleiben in Grenchen. Denn ich bin zwar stolz, ein Grieche zu sein, aber genauso stolz darauf, ein Grenchner Bürger zu sein.» Nach Griechenland geht's nur noch in den Ferien, wenn es gilt, verwandschaftliche Bande – entweder auf Sifnos oder in Kosani und Athen – aufrecht zu erhalten. Griechenlands Geschichte, Architektur und Kunst sind für Michail Diamantis, auch wenn er nun 40 Jahre in der Schweiz zuhause ist, dennoch von grossem Interesse.

Griechenlands Küche ist aufwendig

Die Gastfreundschaft Griechenlands ist sprichwörtlich: Sogar Touristen erzählen lange Geschichten. Griechenlands Küche dagegen kann sehr gut, mittelmässig oder nicht besonders gut sein – je nachdem. Selbst Opaja Diamantis deutet das an, wenn sie erzählt, dass ihre Mutter eine hervorragende Köchin war; «als ich dann mit etwa 16 Jahren zu Verwandten nach Athen ging, um meine Ausbildung zu vervollständigen, schlug meine Mutter die Hände über dem Kopf zusammen und meinte, dass ich in Athen niemals richtig kochen lernen würde». Die Rezepte der Mutter kennt Opaja Diamantis aber immer noch. Und das AKZENTE-Team kann beschwören, dass die ihm offerierten Gerichte von allerbester Qualität waren. «Die griechische Küche ist zwar aufwendig und braucht vor dem Kochen viel Vorbereitungszeit», zieht Opaja Diamantis Fazit, «aber sie ist vielfältig und schmackhaft».

Alle Rezepte für 6-8 Personen

Keftedes – Hackfleischbällchen

1 kg	Hackfleisch vom Kalb oder vom Rind
2	Zwiebeln, feingehackt
250 g	Brot, eingeweicht
3 TL	Salz
2	Eier
1 Bund	Petersilie
	Frische Minze, feingehackt
	Pfeffer
	Öl zum Braten

Das Brot gut einweichen und anschliessend auspressen. Mit dem Hackfleisch und den anderen Zutaten vermischen. Die Eier dazu geben und den Teig gut durchkneten, damit alle Zutaten gleichmässig vermischt werden. Die Masse kurze Zeit in den Kühlschrank stellen. Das Öl in einer Pfanne erhitzen, Hackfleischbällchen formen, in Mehl wenden und in der Pfanne knusprig braun braten.

Piperies sto Xidi – Peperoni in Essig

500 g	Weisse Peperoni (Ceci)
1 KT	Öl
1 KT	Essig
2 TL	Salz
4	Knoblauchzehen
	Salz und Pfeffer

Die Peperoni waschen und im gesalzenen Wasser aufkochen lassen, bis sie weich werden. Anschliessend abtropfen lassen und der Länge nach teilen. Kerne entfernen und die Peperoni in ein Gefäss (Tupper) legen. Knoblauch pressen und mit Essig, Öl, Salz und Pfeffer vermischen und in ein Gefäss (Tupper) mit den Peperoni einfüllen.

Chtapodi vrasto – Gekochter Oktopus

1 1/2 kg	Oktopus
3/4 KT	Öl
3	Knoblauchzehen
4 EL	Essig
	Pfeffer
	Oregano oder Petersilie, gehackt

Den Oktopus waschen und ohne Wasser in einen Topf geben. Auf mittlerem Feuer im eigenen Sud kochen. Ev. noch etwas Wasser zugeben. Wenn der Oktopus weich ist, abtropfen lassen und in Stücke schneiden. Die restlichen Zutaten mischen und über den Oktopus giessen.

KT= Kaffee-Tasse

Gringo conquistar Chica

Immer gute Stimmung am Eschenrain: Maritza, Albert und Marco Schürch

Der Grenchner Albert Schürch muss sich schon als eine Art Conquistadore (Eroberer) vorgekommen sein, als es ihm nach einigen Mühen gelungen war, mit Maritza Buenaventura aus Colombia die Trauringe zu wechseln. Mit ein paar Kollegen zusammen hatte er 1988 Traumferien auf der kolumbischen Insel San Andres verbracht – einem paradiesischen Eiland, auf dem sich hauptsächlich reiche Nordamerikaner erholen. Maritza war mit ihrer Mutter und einer Freundin zusammen gleichfalls dort. Aber Albert hatte drei Wochen lang zu «baggern», ehe er mit Maritza Bekanntschaft schliessen konnte: «Unverkennbare Sympathie war sofort da», erinnert sich Albert, «aber die gegenseitigen Sprachprobleme waren doch ein grosses Hindernis». Immerhin hatte man postalische Weiterführung der Bekanntschaft vereinbart und Albert machte sich sofort ans Werk: «16 Stunden arbeitete ich, mit dem deutsch-spanischen Wörterbuch als Hilfsmittel, an meinem ersten Brief». Maritza hat diesen Brief aufbewahrt und muss heute noch lächeln, «aber Albert lernte dann sehr schnell spanisch und als wir uns ein Jahr später in Mexico trafen, verstanden wir uns in jeder Beziehung». Albert Schürch musste jedoch erst noch in Ortega, einem sechs Autostunden von der Hauptstadt Bogota entfernten Ort in der Grösse Grenchens, bei der Familie von Maritza vorsprechen, ehe Vater

Buenaventura seine Chica dem Gringo anvertraute.

Inzwischen waren Maritza und Albert einige Male in Kolumbien, einem der südamerikanischen Staaten, von dem man bei uns wenig weiss, der aber 30mal grösser ist als die Schweiz. «Leider», sagt Maritza, «muss sich Kolumbien in den letzten Jahren mit fast unlösbaren Problemen politischer, wirtschaftlicher und sozialer Art auseinandersetzen, die zum Teil von aussen her geschürt werden, wenn man etwa an die Drogen denkt. Aber Colombia war schon immer ein kompliziertes Gebilde, die Bevölkerung ist ja aus Spaniern, Holländern, Engländern, Franzosen, Amerikanern und Schwarzen gemischt und sozial sehr unterschiedlich strukturiert.»

Maritzas Fröhlichkeit ist absolut ansteckend – sie lächelt sogar beim Kochen...

Verkehrtes Rollenspiel

Maritza Buenaventura wuchs in der Provinzstadt Ortega auf, wo die Eltern ein Verkaufsgeschäft führen. Sie absolvierte nach der Matura in der Sieben-Millionen-Hauptstadt Bogota ein Ingenieurstudium, ehe sie auf einer mehrwöchigen Europareise den «alten Kontinent» kennenlernte. «Und eigentlich ist meine Frau dem Charakter nach eine echte Schweizerin: Sie liebt Sauberkeit, Ordnung und Disziplin und ist eine glänzende Hausfrau und Mutter unseres Sohnes Marco. Ich dagegen bin privat eher der lässige, etwas unordentliche Südamerikaner – vertauschte Rollen also...», kommentiert Albert die Familienverhältnisse, «anderseits ist Maritza doch eine richtige Südamerikanerin», ergänzt Albert, «sie ist immer fröhlich und humorvoll. Wenn eine Gruppe zusammen ist, beispielsweise wenn uns befreundete Familien besuchen oder wenn in der Botschaft in Bern ein Fest stattfindet, dann sorgt Maritza stets für gute Stimmung». Ihre gute Laune behielt Maritza auch, als sie in den ersten beiden Jahren der Ehe im Auftrag des Bundesamtes für Statistik alle Ausgaben des Haushalts genauestens registrierte. «Jeder Rappen wurde notiert», erinnert sich Albert, «obwohl Maritza in den beiden ersten Jahren in der Schweiz genug Schwierigkeiten bekundete, sich den veränderten Verhältnissen anzupassen. Ich leistete aber auch meinen Teil, gab das Töffahren und den Fussball auf und wechselte meinen Beruf.» Albert arbeitet heute im Service der Kopierer-Firma Oce, Maritza ist im Spital beschäftigt. Wenn sie eines fernen Tages aus dem Berufsleben ausscheiden, möchten sie viel reisen und ein kleines Ferienhaus in Spanien bauen.

Frijoles sind das A und O der kolumbianischen Küche, dazu gibt es allerlei Beilagen. Marco freut sich darüber genauso wie die Gäste, denen es geschmeckt hat, wie man sieht...

Rezept für 6 Personen

Frijoles – Rote Bohnen

500 gr	Rote Bohnen getrocknet, am Vorabend einweichen
500 gr	Fleischtomaten ohne Haut in Würfeli schneiden (ersatzweise Pelati)
250 gr	Zwiebeln, fein gehackt
100 gr	Speckwürfeli geräuchert
	Öl, Pfeffer, Salz, Kümmel, Safran, Chili

Rote Bohnen in 2 Liter ungesalzenes Wasser auf mittlerem Feuer ca 45 Min. weichkochen. Zum Schluss salzen.
Inzwischen Tomaten und Zwiebeln in Öl dünsten, kräftig würzen.
Die Speckwürfeli kurz anbraten.
Die Tomatensauce und Speckwürfeli zu den Bohnen unterrühren, 10 Min. bei schwacher Hitze gar schmoren und zum Schluss fertig würzen.

Dazu werden folgende typische Beilagen serviert:

500 gr Maniok (yuca) vorgekocht und fritiert
1 grüne oder gelbe Kochbanane (platanos) zum Fritieren
1 grüne Kochbanane (platanos) für Chips fritieren
1 gelbe oder reife Kochbanane (platano) zum Braten
300 gr Kochspeck geräuchert, in Scheiben schneiden und fritieren
Salat mit Avocados

Zahnwasser zum Abschluss

Bei den Besuchen von Maritzas Eltern hat Albert Schürch kolumbianisches Essen in vielen Variationen kennen gelernt: «Bei Sonntagsausflügen ging es mit einem ‹Pick-up› hinaus in die Natur ans Wasser. Lebende Hühner wurden in Käfigen mitgenommen, geköpft, gerupft und verspeist, dazu trank man Bier und den kolumbianischen Schnaps Aguardiente, was Zahnwasser bedeutet, aber nach Anis schmeckt». Das AKZENTE-Team durfte sich an einem feinen Bohnengericht mit Reis laben und danach Aprikosen-Flan, eine wundervolle kolumbianische Dessert-Spezialität, geniessen. Zum Abschluss wurde Kaffee serviert und dazu natürlich der berühmte Aguardiente...

Maniok (Yuca) fritiert

Maniok mit Kartoffelschäler schälen, in runde Blöcke 6 bis 8 cm lang schneiden, zum kochen bringen 8 bis 10 Min. Blöcke abkühlen lassen, dann in Stücke von ca 2 cm (vertikal) schneiden und tiefkühlen.
Gefrorenen Maniok in der Friteuse goldbraun fritieren (ca 5 Min bei 180°C). Auf Küchenpapier abtropfen, mit Salz bestreuen.

Patacones – Kochbananen (Platanos) fritiert

Grüne oder mittelreife (gelb getönt) Platanos schälen, zuerst die Spitzen entfernen, dann mit dem Messer längs einen Schnitt machen und mit dem Finger die Schale entfernen. In ca 5cm dicke Scheiben schneiden und kurz fritieren, rausnehmen und flachpressen bis ca 2 cm neue Form geben, in der Friteuse weiter fritieren bis goldbraun, abtropfen, mit Salz bestreuen.

Chips – Grüne Kochbananen

Grüne Platanos wie oben schälen, in hauchdünne Scheiben schneiden (horizontal) in der Friteuse hellgoldbraun fritieren (wird knusprig), abtropfen, mit Salz bestreuen.

Tajadas – Gelbe Kochbananen gebraten

Reife Platanos (gelbe mit schwarzen Flecken) wie oben schälen, schräg in längliche 1 cm Scheiben schneiden. Zum Fritieren in einer Teflonpfanne wenig Öl heiss werden lassen, Scheiben beigeben und langsam braten bis sie bräunlich werden. 2-3 mal wenden.

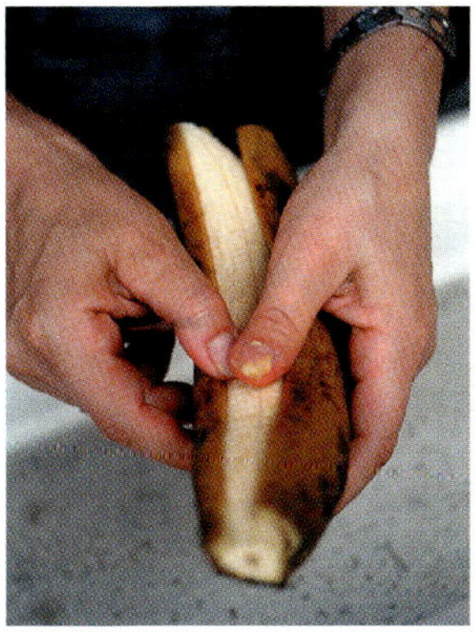

Pausenplatz als Treffpunkt der Kulturen

Bilderbogen vom Schulfest Eichholz

Man kann überall auf der Welt leben...

...aber in der Schweiz besonders gut: Hilzed und Gianni Sorteni

«Ordem e Progresso» heisst es auf der brasilianischen Fahne, aus dem Portugiesischen übersetzt: Ordnung und Fortschritt. Hilzed Sorteni-Fernandes da Silva ist allerdings der Ansicht, dass der Wahlspruch noch besser auf die Schweizer Fahne passen würde. «Man kann zwar überall auf der Welt leben, wenn man sich anzupassen bemüht, aber nirgends so gut wie in der Schweiz. Schon bei meinem ersten Besuch erschien mir alles perfekt organisiert in diesem Land, es funktioniert einfach.» Als sie von der ersten Reise in das Land der Eidgenossen nach Brasilien zurückkehrte, hatte sie ihrem Vater freilich auch Negatives zu berichten: «Die Schweiz ist kalt und neblig, überall gibt es Schnee oder Eis und die Pflanzen sind dürr und tot». Worauf der Vater kategorisch feststellte: «in dieses Land gehst du nie mehr!» Hilzed Sorteni kam dann doch wieder in die Schweiz, und das hatte seinen Grund. Er heisst Gianni und ist ein in Grenchen lebender Italiener, ein «Secondo». Gianni Sorteni wuchs in Grenchen auf und absolvierte eine Lehrzeit als Maler. Danach beschloss er, Sprachen zu lernen und reiste ein Jahr lang kreuz und quer durch Amerika.

Hilzed Sorteni mit Ehemann Gianni und ihren Töchtern Tatyana und Jessica an der Aare (Bild links).

Bei Sortenis ist Internationalität in jeder Beziehung Trumpf.

Letzte Station war Natal im Nordwesten Brasiliens. Dort erwischte ihn Gott Amor in Form der schönen Hilzed. Er lernte sie am Strand kennen und hatte sofort das Gefühl, dass er seine «Frau für's Leben» gefunden habe. Ob die sich aber in der Schweiz wohl fühlen würde, wusste er nicht. Deshalb griff er zu einer kleinen List: Er lud sie ein, ihn in Grenchen zu besuchen. Und zwar im Winter – drei Jahre nacheinander. «Es war für Hilzed und für mich eine Zeit des Kennenlernens», schaut Gianni zurück, «und Hilzed hatte Gelegenheit, Grenchen und die Schweiz als ihre zukünftige Heimat zu akzeptieren oder abzulehnen». 1997 heirateten die beiden und seit Hilzed ihre beiden Töchter aus erster Ehe nachkommen lassen konnte, «ist alles ok». Hilzed (und auch ihr Vater) hatten ja inzwischen erfahren, dass es in der Schweiz auch drei schöne Jahreszeiten gibt. «Aber im Winter ist es schon sehr kalt», sagt sie lächelnd...

80'000 km pro Jahr unterwegs

Hilzed und Gianni Sorteni bewohnen an der Wissbächlistrasse ein Eigenheim, in dessen Ausbau Gianni seit vier Jahren «sehr viel Zeit steckt» und auf das die Sortenis mit ihren beiden Teenage-Töchtern Tatyana und Jessica mit Recht stolz sind. Oft ist Gianni allerdings nicht zu Hause. Seit rund zwölf Jahren betreut er für die Bettlacher Mathys Medizinaltechnik AG die technischen Schulungen der «AO – Arbeitsgemeinschaft für Osteosynthese» als Operation-Assistent. Er arbeitet mit einem Ärzte-Team zusammen und ist pro Jahr rund 80'000 km unterwegs, in Australien und Japan, in Russland und Arabien und vielen europäischen Ländern. «Sechs Pässe wurden mir in diesen Jahren von Zöllnern vollgestempelt und mehrere Alben sind gefüllt mit Erinnerungsfotos», erzählt Gianni, der dank seiner sprachlichen Vielfältigkeit mit den jeweiligen örtlichen Mathys-Vertretern gut zurecht kommt. Er hält aber auch Verbindung mit seinen Freunden in Grenchen und Bettlach. «Und gelegentlich geht es nach Rom, wo in der Nähe meine Verwandten wohnen».

Ein «historisches» Nationalgericht

«I Love Brasil» liest man auf den T-Shirts, die Tatyana und Jessica Sorteni beim Besuch des AKZENTE-Teams tragen, sie bekunden damit ihre Liebe zum Heimatland, das sie nie vergessen wollen. Gleich wohl fühlen sie sich – wie ihre Eltern – in Grenchen heimisch und verstecken ihr manchmal schäumendes Temperament keineswegs. «Mir hei keini Problem», stellt Tatyana mit strahlendem Lächeln fest; die Grenchner Mundart ist ihr längst vertraut, auch wenn zuhause mal Portugiesisch gesprochen

Für die AKZENTE-Leute kochte Hilzed eine echte Feijoada, deren Zutaten bei uns freilich kaum erhältlich sind.

wird. Und gelegentlich Gewohntes aus Brasilien auf den Tisch kommt. Zum Beispiel das Nationalgericht Feijoada, das einen historischen Hintergrund hat. Als nämlich einst die versklavten Plantagenarbeiter(innen) unter mangelnder Ernährung litten, suchten sie sich aus dem Abfall der Herren die Fleischreste und mischten sie mit Bohnen, die auch nur als Tierfutter dienten. Beides zusammen ergab die Feijoada, die heute allerdings etwas angereichert ist. Aber nach wie vor benötigt man zur Feijoada eine bestimmte Art von kleinen Bohnen, die nur in Brasilien wächst. Für die Gäste von AKZENTE hatte eine Verwandte sie aus Brasilien mitgebracht. Natürlich gab es noch anderes Feines à la Brasil zu kosten, etwa den «Nationaldrink» Caipirinha, an den man sich gewöhnen könnte...

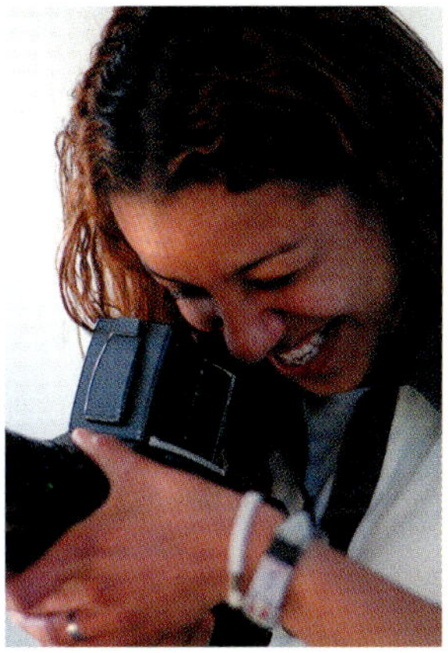

Rezept für 4 Personen

Musse de Maracuja
Passionsfrucht-Mousse

2 dl	Kondensmilch
1/2 Tasse	Passionsfruchtsaft
3	Eiweiss steif schlagen
2 dl	Vollrahm

Kondensmilch, Vollrahm, Passionsfruchtsaft unter stetem rühren zu Crème schlagen. Das geschlagene Eiweiss sorgfältig darunterziehen und gut miteinander vermischen. In Desserttassen abfüllen.

In der Eisschublade oder im Tiefkühlgerät ca 4 Stunden gefrieren lassen.

Viel Exotisches gab es für das AKZENTE-Team bei Sortenis zu essen und zu trinken, wie etwa die Musse de Maracuja, ein köstliches Dessert. Tatyana hielt alles im Bilde fest.

Grenchen fehlt nur ein See...

...meint Dr. Helen Stöcklin-Kosonen aus dem Land der 1000 Seen

Die Finnin Helen Stöcklin, die als Mädchen Heli Kosonen hiess, kann nur lächeln über den bekannten Spruch, Finnland sei das «Land der 1000 Seen». Denn in Wirklichkeit zählt man in ihrem Heimatland nicht weniger als 60'000 Seen «und in bestimmten Gegenden«, sagt sie, «gibt es mehr Wasser als Land». Kein Wunder, möchte Helen Stöcklin einen jener Seen nach Grenchen importieren, «denn dann hätten wir alles, was man braucht, um an einem Ort glücklich zu sein». Aber auch ohne See ist Grenchen für sie eine lebens- und liebenswerte Stadt, in der sie sich vom ersten Tag an wohlfühlte.

Dieser erste Tag fiel in das Jahr 1979. «Von Grenchen hatte ich vorher nichts gehört und nichts gewusst. Vielmehr wollte ich in Biel eine Praxis für Psychiaterie und Psychotherapie eröffnen, aber ein alter Professor hatte Angst um seine Existenz und teilte mir kategorisch mit, dass man in Biel nicht arbeiten könne, wenn man nicht bilingue sei. Dass ich dann auf den Rat des solothurnischen Kantonsarztes Dr. Meyer hin eine Praxis in Grenchen eröffnete, habe ich nie bereut.»

Helen Stöcklin wuchs in Savonlinna auf, dem «Nordischen Venedig» mit einer mittelalterlichen Burg und einem jährlichen Opernfestival. Nach dem Schulabschluss mit Matura studierte sie in Basel Medizin und Psychiaterie und verheiratete sich mit Dr. Emanuel Stöcklin. Das Doktoren-Ehepaar wollte sich eigentlich in Zug niederlassen, entschied sich dann aber für den Jura-Südfuss (Dr. Emamuel Stöcklin, inzwischen geschieden, führt eine Praxis in Lengnau).

Gemütlichkeit und Gastfreundschaft gelten viel bei Frau Doktor.

Bild linke Seite: Helen Stöcklin-Kosonen liebt den Baumgarten rings um ihr Haus im Norden Grenchens.

Immer mehr psychisch Kranke

Als Dr. Helen Stöcklin am Grenchner Postplatz ihre Praxis eröffnete, war nicht nur der damalige katholische Pfarrer von Rohr froh, – der sich zu Recht eine Entlastung erhoffte – sondern auch viele Patienten, die nun zur Behandlung nicht mehr nach Biel oder Solothurn reisen mussten. «Heute praktizieren in Grenchen drei Psychotherapeuten«, bilanziert Helen Stöcklin, «das zeigt, wie sehr die Zahl der psychisch Kranken zugenommen hat – eigentlich ist heute jeder zweite Mensch depressiv, von Panik- oder Angstzuständen erfasst, von Essstörungen oder Eheproblemen und ähnlichem belastet. Das ergibt somatische Erkrankungen, die im Grunde jedoch psychisch bedingt sind. Etwa wenn Einwanderer aus dem Osten über Rücken- und ähnliche Schmerzen klagen, die unerklärbar scheinen. Sie laufen von einem Spezialisten zum anderen; die Erklärung findet sich indessen in den Arbeitsbedingungen, die sie von zuhause nicht kennen und ihnen sozio-ökonomische Probleme bereiten. Ähnliches tritt heutzutage u.a. auch bei Lehrern auf, die unterschwellige Angst vor Schülern haben und deshalb ausgebrannt wirken.» Gottseidank aber, so Dr. Helen Stöcklin weiter, gibt es nun sehr wirksame Medikamente, die verhindern, dass jeder psychisch Kranke hospitalisiert werden muss. Dr. Helen Stöcklin ist übrigens Konsiliarärztin im Spital Grenchen und als Dozentin in der Verkehrserziehung für die MFK tätig.

Für sich und ihren Sohn kocht Helen Stöcklin «normalerweise» schweizerisch oder italienisch. Die wunderbaren Fische aus den finnischen Seen vermisst sie aber schon.

Finnland ist ein herrliches Ferienland

Nein, sagt Helen Stöcklin, nach Finnland möchte ich nicht mehr zurück, «dazu gefällt es mir in meinem Haus im Norden Grenchens viel zu gut». Für sie ist ihr Heimatland «ein herrliches Land zum Ferien machen mit einem wunderbaren Klima – was vielleicht viele überraschen mag.» Sie geniesst denn auch jedes Jahr ein paar Wochen Urlaub in Finnland, wo sie an einem See eine «Hütte» besitzt. Am meisten freut sie sich dabei auf kulinarische Genüsse, besonders auf die frischen Fische aus den Seen, «aber auch auf Ren-Fleisch, das geräuchert wird und dann noch besser als Bündnerfleisch schmeckt. Es gibt aber auch Bären-Fleisch oder gebratene Auerhähne und zum Dessert die feinen Lakka-Beeren.» Wieder zu Hause, kocht sie am liebsten für sich und ihren Sohn Pasta, Raclette oder Fondue. Für das AKZENTE-Team stand ein typisches finnisches «Menu für Gäste» auf der Karte: Weisskohl-Rouladen mit Melasse, dazu Kartoffeln und Preiselbeeren-Kompott. Man kann ja neben einer guten Psychotherapeutin auch noch eine gute Köchin sein.

Rezept für 6 Personen

Finnische Kohlrouladen

1 grosser	Kopf Weisskohl
	Wasser
1 TL	Salz

Füllung:

400 g	Fettarmes Schweine- oder Rinder-Hackfleisch
1	Zwiebel, gehackt
1 dl	Brühe vom gekochten Weisskohl
2 dl	Weisskohl, kleingeschnitten
2 dl	gekochter Reis
1 TL	Salz
1/4 TL	weisser Pfeffer
1 TL	Majoran
1-2 EL	Melasse
	einige Flocken Butter oder Margarine

Zum Befeuchten:

	Brühe vom gekochten Weisskohl

Sauce:

3 dl	Bratenfond
2 EL	Weizenmehl
	etwas Rahm

Den Kohlstrunk entfernen und den Kohl in Salzwasser kochen, bis die Blätter weich werden. Den fertig gekochten Weisskohl auf einen grossen Teller legen, damit das Wasser abrinnen kann. Die äusseren Blätter vorsichtig entfernen. Ein Blatt nach dem anderen abnehmen, die kleineren inneren Kohlblätter für die Füllung zerkleinern.

Die gehackte Zwiebel in etwas Öl glacieren. Das Hackfleisch, den Reis, die zerkleinerten Weisskohlblätter, die Zwiebel und die Gewürze gleichmässig vermischen, eventuell mit etwas Brühe vom gekochten Weisskohl verdünnen. Die Kohlblätter auf dem Teller ausbreiten und die dicken Blattstiele mit einem Messer ebnen. Auf jedes Kohlblatt einen gehäuften Esslöffel Füllung geben und die Blätter einrollen. Die fertigen Kohlrouladen nebeneinander auf ein Backblech legen und mit Melasse übergiessen, darüber einige Butterflocken geben. Die Kohlrouladen im Backofen bei 200°C ca 1 Std. lang garen, nach ca 30 Min. umdrehen und ab und zu mit etwas Brühe vom gekochten Weisskohl befeuchten.

Den Bratenfond durch ein Sieb giessen und mit dem in Wasser aufgelösten Weizenmehl sowie etwas Rahm vermischen.

Die Kohlrouladen werden mit Salzkartoffeln und Preiselbeeren-Kompott serviert.

Kohlrouladen gelten in vielen Ländern als besondere Spezialität. Demgemäss gibt es sie in vielen Variationen. Die finnische Art wird mit Preiselbeeren-Kompott serviert – für den Schweizer Gaumen etwas gewöhnungsbedürftig – aber durchaus empfehlenswet!

«Mache keine Probleme, arbeite gerne»

Tamilen im Grenchner Asyl: Siva, Shanthi, Abi und Divi

«Das ist schon in Ordnung», sagt er lächelnd, «wenn man mich Siva nennt. Denn Siva bedeutet ja Gott». Eigentlich aber ist Siva nur eine Abkürzung seines eigentlichen Namens, der da lautet: Sivagnanasunthavam Kanapathipllai. Auch seine Frau und die beiden Söhne begnügen sich mit den Kurznamen Shanthi, Abi und Divi. Anpassungsfähigkeit ist in der Regel überhaupt eine Haupteigenschaft von Angehörigen des tamilischen Volkes. Schon seit Jahrhunderten sehen sie sich in ihrer Heimatinsel Sri Lanka einer Mehrheit von Singhalesen gegenüber(Verhältnis etwa 30:70), die alles tun, um die Minderheit der Tamilen in jeder Beziehung zu unterdrücken. Tamilen sind Hindus, Singhalesen dagegen Buddhisten, beide Völker pflegen eigene Sprachen und Schriften. Siva beherrscht sowohl Tamilisch wie Singhalesisch. Das hat ihn in seiner Heimat an der Ostküste von Sri Lanka zweimal bei Verhaftungen gerettet: «Im Unterschied zu vielen deren Tamilen konnte ich lesen, was ich unterschreiben sollte, und entging deshalb einer langjährigen

Gefängnisstrafe.» Das Leben wurde für die Tamilen in den achtziger Jahren immer unerträglicher. So entschloss sich Siva – wie viele andere Tamilen – zur Flucht. Ein Agent vermittelte für viel Geld den Flug nach Europa. «Das war 1990 und wir landeten in Italien. Weiter ging es wiederum per Flugzeug und ich glaubte mich immer noch in Italien, als wir in Basel von Bord gingen. Über Solothurn und Bettlach kam ich dann nach Grenchen. Mario Nana gab mir Arbeit in der Küche des «Feldschlösschen» und ich bin ihm sehr dankbar, dass er mir half, über die Anfangsschwierigkeiten, vor allem der Sprachprobleme wegen, hinweg zu kommen.» Siva hatte zwar die Anerkennung als Politischer Asylant erhalten, konnte aber gleichwohl nicht in seinem Beruf als Mechaniker arbeiten. So arbeitet er heute in der Küche der ETA-Kantine und ist damit zufrieden, «auch wenn ich gerne etwas mehr verdienen würde. Aber ich mache keine Probleme, ich arbeite gerne». Nur einmal musste er einen Polizisten zum Kantonspolizeiposten begleiten: «Ein Polizist hatte beobachtet, dass ich aus einer Dose Pulver nahm. Ich wollte mir vor dem Eintritt in unseren Tempel ein Zeichen auf die Stirn malen – das war alles.»

Luxmi, die Göttin des Glücks und Reichtums, wacht über die Familie Kanapathipllai , die von Sri Lanka über Italien nach Grenchen gekommen ist.

Hindu-Tempel in Uhrenfabrik

In Grenchen leben etwa 50 Tamilen-Familien mit über 100 Angehörigen. Für sie ist in der früheren «Rodania»-Uhrenfabrik ein Tempel eingerichtet, den auch die Familie von Siva ein oder zweimal pro Woche besucht. «Ich gehe aber auch in die katholische Kirche und bete dort zu Gott», sagt Siva, «denn schliesslich läuft alles auf ein einziges höheres Wesen hinaus; dazu zähle ich auch Buddha oder Allah.» Siva findet, dass die Schweiz ein Vorbild für die ganze Welt sein könnte: «Hier leben Menschen aus vier Kulturen und dazu viele Ausländer friedlich zusammen. Bei uns zu Hause und in zahlreichen anderen Ländern hassen sich die Leute schon wegen der Religion». Natürlich liebt Siva seine Heimat, auch

Siva und Shanthi müssen mit sehr beschränkten finanziellen Mitteln auskommen. Aber wenn Gäste zu Besuch kommen, wird alles für sie getan, was möglich ist – auch auf kulinarischem Gebiet. Und wenn es den Gästen schmeckt, sind alle zufrieden.

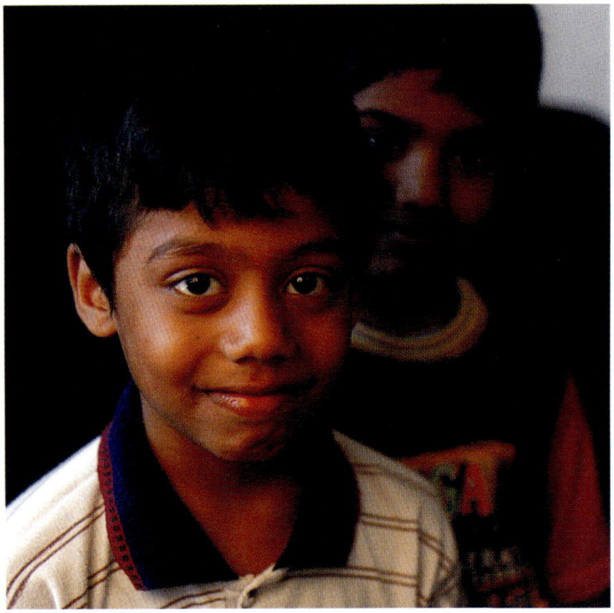

wenn es dort seit 1956, als die Engländer das Land (damals Ceylon) verliessen, soziale, wirtschaftliche, kulturelle und politische Spannungen gibt. «Aber Sri Lanka ist landschaftlich ein wunderschönes Land mit seinen Bergen und Wäldern und Stränden», meint Siva. Ein englischer Sender, der auf Tamilisch Nachrichten vermittelt, tamilische und singhalesische Zeitungen, einige Souvenirs und nicht zuletzt ein Aquarium mit bunten Fischen – anstelle des Indischen Ozeans – bedeuten für ihn die Erinnerung und Verbindung an und mit Sri Lanka.

Beim Essen schaut man zu...

«In Sri Lanka braucht man keinen Kühlschrank», sagt Siva, «weil es jeden Tag auf dem Markt frischen Fisch direkt aus dem Meer und frisches Gemüse gibt». Seine Frau, die in Sri Lanka Lehrerin war, vermittelte von 1995-1997 in der «Tamil Welfare Association Grenchen» an tamilische Kinder den Tanz «Partanakia» (der den indischen Tempeltänzen ähnelt); mit ihrer Gruppe hatte sie auch einige Pokale gewonnen, die auf einem Tischlein zu bewundern sind. «Reis, Kokos und Bananen sind neben Fisch und Gemüse weitere wichtige Bestandteile der Tamilen-Küche», ergänzt sie die Aussagen ihres Kantinen-Kochs Siva, der zu Hause nur die zweite Geige in der Küche spielt. Beim Zubereiten der tamilischen Spezialitäten für das AKZENTE-Team half ein weiterer Koch aus Sri Lanka, der sonst im Kinderheim Bachtelen tätig ist. Viele Köche verderben bekanntlich den Brei – nicht aber, wenn drei Tamilen kochen: Dann schmeckt es besonders gut. Seltsam nur, wenn die Gastgeber den Gästen beim Essen zusehen. Tamilen machen das halt so und haben auch noch Spass dabei...

Alle Rezepte für 4-6 Personen

Ba Parupu – Rotes Linsengericht

200 gr	Rote Linsen (3mal waschen!)
1/4 Lt	Wasser
100 gr	Zwiebeln geschnitten
2	Grüne Chilischoten, in grosse Stücke geschnitten
1 TL	Salz
6	ganze Pfefferkörner
3	Knoblauchzehen
ca 6	Curryblätter
	Kurkuma (Gelbwurz) Pulver

Gewaschene Rote Linsen in 4 dl Wasser geben, geschnittene Zwiebeln, grosse Stücke von Chilischoten und 1 TL Salz beigeben und ständig rühren. Ev. Schaum abschöpfen. Wenig Kurkuma darunter rühren. Ganze Pfefferkörner und Kümmelsamen im Mixer zerkleinern und mit zerdrückten Knoblauchzehen unter das Linsengericht mischen. Feuer abstellen, ca 6 Currylätter beigeben und nochmals rühren.

Cruma Curry – Kartoffelcurry

600 gr	Kartoffeln
2 EL	Öl
1/3 TL	Senfsamen
1 Prise	Kümmelsamen
1 TL	Fenchelsamen
1 Zweig	Curryblätter
100 gr	Zwiebeln geschnitten
1	grüne Chilischote
7	Knoblauchzehen
1 1/2 TL	Salz
	Kurkuma (Gelbwurz) Pulver
1 TL	Currypulver (Madras-Curry)
1 dl	Wasser
1 kl. B.	Erbsen
1 kl. Stk	Ingwer
3 EL	Naturjoghurt

Kartoffeln ganz mit Schale kochen, schälen und vierteln. Öl in Pfanne erhitzen und Kümmel, Senfsamen, Fenchelsamen, geschnittene Zwiebeln und Curryblätter beigeben und anbraten. Grüne Chilischote ganz beigeben, vier zerdrückte Knoblauchzehen und Kartoffeln dazugeben. Salz darüber streuen, eine Messerspitze Kurkuma beigeben, Currypulver unterrühren und Wasser beigeben. Ingwer und 3 Knoblauchzehen im Mixer zerkleinern und mit Erbsen beigeben. Naturjoghurt darunterrühren.

Die Gerichte werden mit Basmatireis (ev. Langkornreis) und *Papadam serviert.

*Papadam sind dünne Fladen aus Linsenmehl, und wahrscheinlich das populärste Nahrungsmittel in Sri Lanka und Indien. Bei uns sind Papadam in Spezialgeschäften und bei Grossverteilern erhältlich.

Die frische Zubereitung der unterschiedlichsten Gewürze und Zutaten in der Tamilen-Küche ist sehr aufwendig, zeitintensiv und gehört zum Alltag.

Reiskocher findet man in jedem Haushalt in Sri Lanka, Indien und ganz Asien.

Ein «Grosstadtmensch» in der Provinz

Der Sprung in die weite Welt führte Alexa Blösch-Banks nach Grenchen

Wie das Schicksal halt so spielt: Eigentlich zog Alexa Banks aus ihrer Heimatstadt Toronto nur nach Neuenburg, um sich auf ihren Traumberuf Dolmetscherin vorzubereiten. Letztlich erwies sich jedoch der fünfjährige Aufenthalt in Neuenburg als Übergangsphase von der Grosstadt Toronto in die Kleinstadt Grenchen. Natürlich ging es dabei um die Liebe, denn Alexa lernte beim Studium den Grenchner Erich Blösch kennen; 1983 zügelten die beiden nach Grenchen und leben seitdem an der Gibelstrasse im (umgebauten) ehemaligen Haus des früheren Schuldirektors Erwin Berger. Vor sechs Jahren wuchs die Familie um das

Töchterchen Olivia, die Englisch und «Gränchnerdütsch» gleich gut spricht und auch mal Französisch parliert – vielleicht wird sie ja einmal Dolmetscherin...

Olivia, Alexa und Erich Blösch halten sich gerne im Wald auf.

Eine Serie von Familienbildern schmücken die Wand der Eingangshalle.

Im Mittelpunkt der Wohnung steht ein Bösendorfer-Flügel, auf dem Alexa oft und gerne klassische Kompositionen interpretiert.

«Ich war ein typischer Grossstadtmensch», erzählt Alexa Blösch, «und konnte mir nichts anderes vorstellen als ein Leben wie in Toronto, der zweitgrössten Stadt Kanadas, wo es eine Kunstakademie, ein grosses Observatorium, Museen, einen Hafen mit Werften und Erdölraffinerien gibt – pulsierendes Leben auf allen Ebenen sozusagen. 1978 ging ich nach Neuenburg und studierte nach der Matura Französisch und Wirtschaft. Die Bekanntschaft mit Erich Blösch stiess dann alle meine Pläne um.» Alexa landete unversehens in der solothurnischen Provinz – und das ohne alle Deutsch-Kenntnisse. «Da half mir die Familie meines Mannes schon sehr über die Anfangsschwierigkeiten hinweg», erzählt Alexa, die mittlerweile perfekt «Schwyzerdütsch» spricht und Grenchen jetzt nicht mehr als den Gegenpol von Toronto empfindet.

Lebensqualität ist sehr gut

«Wer Grenchen gering schätzt, liegt falsch», stellt Alexa fest, «denn die Lebensqualität ist in Grenchen hervorragend. Man wohnt im Grünen und trifft sehr gute Einkaufsmöglichkeiten an; wo, zum Beispiel, bekommt man eine bessere Qualität als auf dem Grenchner Markt? Und das kulturelle Angebot

Alexa Blöschs «Morning Glory Muffins» sind nicht irgend ein amerikanisches Backwerk, sondern so-zusagen ein Kraftpaket für den ganzen Tag.

Morning Glory Muffins

360 ml	Mehl
1TL	Backpulver
1TL	Natron
1/2 TL	Salz
1/2 TL	Zimt
1/4 TL	Muskatnuss

je eine grosszügige Prise Ingwer und Jamaikapfeffer (Piment), gemahlen

180 ml	brauner Zucker
1	Ei
120 ml	Buttermilch oder Joghurt nature
60 ml	Pflanzenöl
1/2 TL	Vanille Essenz
180 ml	zerdrückte Ananas
180 ml	geraffelte Rüebli
120 ml	Sultaninen
120 ml	gehackte Pecannüsse oder Baumnüsse

Mit einer Gabel, Mehl, Backpulver, Natron, Salz, Gewürze und Zucker in einer grossen Schüssel mischen. In einer mittelgrossen Schüssel, Ei, Buttermilch, Öl und Vanille mit einem Schneebesen gut verrühren. Ananas hineingeben. Das Ganze in die Mehlmischung geben. Zusammenrühren nur bis sich die Masse verbindet. Rüebli, Sultaninen und Nüsse dazugeben und mischen.
Muffinblech* nicht mehr als 3/4 füllen. Im 200°C vorgeheizten Backofen 15-17 Min. backen.

*Im Haushaltfachgeschäft erhältlich

ist viel besser als man andernorts annimmt. Man bekommt in Grenchen gute Ausstellungen zu sehen und kann an vielen Musik-Erlebnissen teilnehmen.» Musik ist für Alexa Blösch sehr wichtig: Im Mittelpunkt der Wohnräume steht ein Bösendorfer-Flügel, auf dem sie fleissig übt; Schumann und Tschaikowskij sind ihre Lieblingskomponisten. «Für mich ist klassische Musik das Höchste», sagt Alexa, «meinen Mann zieht es eher zu Jazz und Pop. Aber sonst machen wir alles gemeinsam – nur bei seinem Hobby Nummer 1, dem Helikopterfliegen, habe ich gewisse Probleme, ich leide etwas unter Höhenangst...».

Olivia spricht Deutsch und Englisch mit der gleichen Selbstverständlichkeit.

Alexas (gesticktes) Küchen-Motto in Kürze: Für die Gäste nur das Beste.

Seit dem Sommer 2002 ist Alexa Blösch Präsidentin der Gemeinnützigen Gesellschaft Grenchen, der sie schon vier Jahre angehört. «Wir führen auch den Brocante-Laden an der Bündengasse: 14 Frauen wechseln – immer zu zweit – sich im Laden ab, und das ist eine recht interessante Aufgabe, weil man viele Leute und ihre Probleme kennenlernt.»

Gesund leben ist wichtig

Alexa Blösch besucht einmal im Jahr ihre Mutter (die ihrerseits zwei- oder dreimal nach Grenchen kommt) in Toronto, empfindet dabei aber kaum heimatliche Gefühle. «Wenn ich in mein altes Quartier komme und das Elternhaus sehe, steigen schon die Erinnerungen hoch, doch die Jugendfreunde leben auch nicht mehr dort und meine Mutter hat ihr Haus jetzt verkauft – das bedeutet auch eine emotionale Trennung von meiner Heimat.» Was Alexa aber noch mit Kanada verbindet, sind einige kulinarische Spezialitäten. So gibt es an Weihnachten im Hause Blösch einen Truthahn und gelegentlich stehen typisch kanadische Desserts auf dem Speisezettel, etwa Muffins oder bestimmte Cakes. Grundsätzlich aber lautet der Leitsatz beim Kochen: Gesund muss es sein. «Ich lege Wert auf gute Zutaten, wenn ich italienisch oder asiatisch koche. Mein Mann kocht übrigens auch gerne und wir sind uns einig: Möglichst Bio-Produkte und wenig Fett. Aber man darf nicht extrem sein und schon einmal über die Stränge hauen.» Für das AKZENTE-Team hielt Alexa Blösch eine nordamerikanische Spezialität bereit: «Morning Glory Muffins» mit einem Glas kalifornischen Rotwein.

Mit dem Velo um die halbe Welt

Und zuletzt bremsten Vera und Karel Stransky in Grenchen

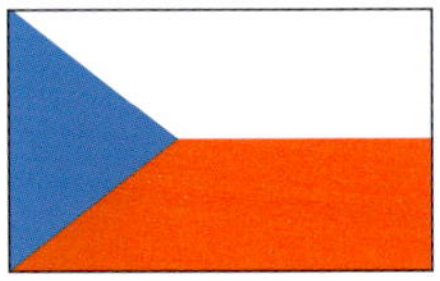

Das Fahrrad ist die grosse Liebe von Karel Stransky, aber auch von Vera Stransky (die in ihrer Heimat, der Tschechischen Republik, Vera Stránská heissen würde). Was Wunder, lernten sich die beiden sozusagen auf dem Velo kennen. «Als junger Mediziner in Prag», erläutert Karel Stransky, «war das Velo schon mein ständiger Begleiter. Ich suchte aber auch eine ständige Begleiterin. Und nach mehreren negativen Erlebnissen beschloss ich: das erste Mädchen, das mit mir eine Velotour über 1000 km absolvieren würde, die heirate ich. Dass diese Velofahrerin blond und hübsch und eine so wunderbare Gattin sein würde – das wusste ich damals noch nicht». Vera jedenfalls wurde in der Folge Ehefrau und Mutter eines Sohnes und einer Tochter, folgte Karel durch Dick und Dünn und bereiste mit ihm auf den Velos die halbe Welt. Der damaligen politischen Lage entsprechend, wurden zuerst die benachbarten Länder des «Ostblocks» unter die Räder genommen,

also Polen, Bulgarien, DDR und Rumänien. «Wir fuhren jedes Jahr Tausende von Kilometern», schaut Karel auf diese Zeit zurück. 1968 stand plötzlich eine ganz andere Tour auf dem Programm. Der Aufstand in Prag wurde von sowjetischen Panzern nieder gewalzt und Stranskys entschlossen sich spontan, in die Schweiz zu radeln, wo Karels Bruder bereits wohnte; nach überwundenen Problemen beim Grenzübertritt liessen sie sich vorläufig in Aarau nieder. Der promovierte Allgemein-Mediziner mit Spezialgebiet Frauenkrankheiten/Gynäkologie wollte später eine Praxis eröffnen, vorher aber hatte er noch ein Wiederholungssemester an der medizinischen Fakultät der UNI Bern zu absolvieren, um das Schweizerische Staatsexamen zu bestehen.

Sohn Karli hat sogar den Weltmeistertitel als Velokurier.

Das Velo ist für Familie Stransky nicht nur ein Fortbewegungsmittel, sondern auch ein guter Freund, der selbst die Ehe stiftete...

Budweiser am Toten Meer

Die Niederlassung in der Schweiz bedeutete natürlich nicht das Ende der Velofahrerei, eher im Gegenteil: Von jetzt an gings durch ganz Westeuropa und in südliche Gefilde. So waren etwa die Pyrenäen auf dem Weg nach Spanien kein besonderes Hindernis; die Kinder waren immer dabei. Als Europa «abgegrast» war, kamen amerikanische Staaten und Nordafrika unter die Räder. Karel Stransky weiss mit seinem trockenen böhmischen Humor so manche lustige Episode zu erzählen. Etwa von überraschenden Begegnungen mit tschechischen Landleuten: «Am Toten Meer in Israel, fast am Ende der Welt, erhielt ich an einer Theke ein schreckliches Bier serviert. Unverblümt teilte ich meiner Frau auf Tschechisch mit, was mir da zugemutet wurde. Darauf lächelte mich der israelische Barman freundlich an und meinte – ebenfalls auf Tschechisch – dass er für Landsleute selbstverständlich ein anderes Bier bereit halte, nämlich ein original-tschechisches Bier aus Budweis. Budweiser ist übrigens – nicht nur nach der Meinung von Karel Stransky – das beste Bier der Welt (nicht zu verwechseln mit dem amerikanischen «Budweiser Beer»).

Souvenirs aus der ganzen Welt: Veras Löffel-Sammlung.

Zum tschechischen Nationalgericht trinkt man ganz klar original Budweiser Bier, und wenn das Glas leer ist, bitte klingeln...

«Knedlíky» sind keine Knödel

William Shakespeare behauptete einst in «Wintermärchen», Böhmen liege am Meer. Das war weit gefehlt, aber dass ein Teil Böhmens, und damit der Tschechei, westlicher liegt als etwa Berlin, Dresden oder gar Wien – das ist auch nicht gerade in jedermanns Kopf. Krumlov nun wieder, findet sich tief im Süden von Böhmen. Die Stadt ist gekrönt von einer gut erhaltenen Burganlage (eine der grössten in Mitteleuropa) und umgeben von bewaldeten Hügeln, die von der Moldau durchflossen werden. Es zieht die Stranskys immer wieder mal in ihre wunderschöne Heimat. In Grenchen, wo Karel (unterstützt von Vera, die als Arztgehilfin und Laborantin ausgebildet ist) seit vielen Jahren eine angesehene Praxis führt, «ist es aber auch sehr schön!».

Gekocht und gegessen wird bei Familie Stransky «zu 90Prozent nach Schweizer Art, denn die tschechische Küche ist sehr fettig». Aber gelegentlich – zum Beispiel beim Besuch des AKZENTE-Teams – steht doch das tschechische Nationalgericht auf dem Tisch: Böhmische «Knedlíky» (etwas anderes als österreichische oder deutsche Knödel) mit Schweinebraten und Kümmel-Sauerkraut. Und im Keller des Einfamilienhauses im Norden von Grenchen gibt es auch noch etwas zu bestaunen: Eine ganze Reihe von rennsportmässig ausgerüsteten Velos, bereit zur nächsten Tour. Darüber hängen an der Wand viele Erinnerungsstücke, zum Beispiel ein Foto von Ex-Radweltmeister Gimondi, der eine hübsche Velofahrerin anlächelt, nämlich Vera Stransky.

Rezepte für 6 Personen

Schweinefleisch auf tschechische Art

1 Kg	Schweinebraten mit Speckschwarte
	Salz, Kümmel

Das Fleisch abwaschen, trocken tupfen und nur auf den Seiten salzen, wo keine Speckschwarte ist. Mit Kümmel würzen. In eine Bratpfanne legen, und etwas Wasser zugiessen. In den vorgewärmten Ofen schieben und mit dem Bratenfond ab und zu begiessen. Ca 1 Stunde braten. Nachher das Fleisch mit der Schwartenseite, die man kreuzweise eingeschnitten hat, nach oben in die Fettpfanne legen.

Die Schwarte stark salzen und das Fleisch, ohne zu übergiessen, braten.

Mit tschechischen Knödeln (oder Kartoffelknödeln) und Sauerkraut (oder Rotkraut) servieren.

Zelí – Sauerkraut

1 Päckli	Sauerkraut
1	Zwiebel, klein geschnitten
1 EL	Kümmel
1 EL	Zucker
	Salz
100 gr	Schmalz

Zwiebel mit Schmalz anrösten und mit Zucker bestäuben, Sauerkraut beigeben, ankochen mit Kümmel, mit Salz abschmecken und servieren.

Das tschechische Nationalgericht – Schweinebraten mit Speckschwarte, Knödel und Sauerkraut (auf dem Bild mit Rotkraut) – wird von Vera Stransky eher selten gekocht, denn Karel findet es «zu kalorienhaltig».

Plötzliches Ende einer Weltreise

Esther und Hermann Hiltbrunner lernten sich auf Java kennen

Vor dem Einstieg in das Berufsleben als Bänkeler wollte Hermann Hiltbrunner – in Grenchen aufgewachsen – ganz unbeschwert die Welt, oder wenigstens einen grossen Teil davon, kennen lernen. Zusammen mit einem Kollegen, der heute bei der Stadtverwaltung Grenchen arbeitet, gings mit der Transsibirischen Eisenbahn von Moskau aus nach China, dann über Hongkong auf die Philippinen. In Australien kauften die beiden ein Auto und durchkreuzten vier Monate lang den Kontinent, ehe sie nach Indonesien übersetzten. Man schrieb 1989 und nach anderthalb Jahren war für Hermann Hiltbrunner die Weltreise damit faktisch zu Ende. Denn in einem Reisebüro in Yogyakarta auf Java – eine der Hauptinseln von Indonesien – lernte er die zierliche, hübsche Esther Dwi Purwohastini kennen. Sie stammt aus Süd-Sumatra, hatte in Yogyakarta Linguistik studiert mit dem Ziel, als Lehrerin zu wirken, jobbte aber nun im Reisebüro. Hermann Hiltbrunner liess sich von ihr die Stadt zeigen und «kam nach 14 Tagen mit ihr ins Gespräch», wie er sich erinnert. Bald darauf war er wieder in Yogyakarta, um mit Esther zusammen den Studienabschluss zu feiern. 1990 kam Esther mit einem drei Monate gültigen Besuchervisum in die Schweiz und lernte Grenchen kennen, ein Jahr später wiederholte sich die Sache. Und wieder ein Jahr später, im Juni 1992, wurde geheiratet.

Bild linke Seite: Erinnerungen an ein rauschendes Hochzeitsfest in Indonesien (zVg).

Hiltbrunners kochen gerne und mit viel Aufwand und Stil für liebe Gäste.

Sandokan lässt grüssen

Hinter dem Esstisch in der Freimatt-Wohnung der Hiltbrunners hängt in gediegenem Rahmen ein Porträt des Hochzeitspaares in indonesischer Festtags-Kleidung: Die Braut sieht aus wie eine indonesische Prinzessin, der Bräutigam erinnert stark an den Titelheld einer ehemals beliebten Abenteuer-TV-Serie. Esther kommentiert denn auch mit strahlendem Lächeln: «Das ist mein Sandokan!» Hermann-Sandokan erinnert sich an die Hochzeit gerne: «Das war ein einmaliges Erlebnis, das ich nie vergessen werde. Meine Eltern waren angereist und die Verwandten meiner Frau kamen zu Hunderten aus dem ganzen riesigen Land, manche waren bis zu 20 Stunden unterwegs. Zwei Tage lang wurde bei heissem, feuchten Wetter gefeiert – es war anstrengend, aber schön!» Drei Wochen später waren Esther und Hermann Hiltbrunner wieder im Grenchner Alltags-Leben. Esther lernte Deutsch in der Migros Klubschule und reihte sich ins Erwerbsleben ein; sie arbeitet seit ein paar Jahren in der ETA. Hermann blieb der

Esther Hiltbrunner aus Sumatra singt und tanzt sehr schön, ist aber auch eine hervorragende Interpretin indonesischer Kochkunst.

Rezept für 6 Personen

Bakmi Goreng – Gebratene Nudeln

250 gr	chinesische Nudeln
150 gr	Geschnetzeltes Fleisch nach Wahl, kochen lassen (den Sud behalten)
200 gr	Tofu, in Würfel schneiden, kurz anbraten
2	Eier, als Rührei (mit einer Prise Salz)
5 Stk	Frühlingszwiebeln, zuschneiden ca 2 cm
1 Stk	Suppensellerie, ca 2 cm schneiden
100 gr	Soyabohnen-Sprossen
2-3	Broccoli-Blätter, grob zuschneiden wie Salat
3	Knoblauchzehen mittelgross, pressen
5 EL	Austernsauce
2 EL	Süsse Soyasauce
1 EL	Helle Soyasauce
1/4 TL	Pfeffer gemahlen
1/2 TL	Salz
2 TL	Zucker
5 EL	Öl zum Braten

Zubereitung:

Die Nudeln in kochendes Wasser geben, gelegentlich umrühren bis die gewünschte Bissfestigkeit erreicht ist. Abtropfen und mit kaltem Wasser abspülen.
Öl erhitzen. Knoblauch andämpfen, Pfeffer hinzufügen, schnell rühren. Gekochtes Fleisch und Tofu beigeben und sofort rühren, damit der Knoblauch nicht verbrennt.

Austernsauce, Süsse Soyasauce, Helle Soyasauce, Salz, Zucker und 0,5 dl Sud dazugeben unter ständigem Wenden – bis sich der beigegebene Sud aufgelöst hat. Die Nudeln sorfältig darunter mischen.
Broccoliblätter, Frühlingszwiebeln, Suppensellerie, Rührei dazugeben und sofort mischen. Zuletzt die Soyasprossen hinzufügen und rasch mischen. Das Ganze nicht zu lange kochen, damit es knackig bleibt. Bei Bedarf mit Zucker oder Salz abschmecken. Mit Reis servieren.

In Indonesien wird dieses Gericht im Wok zubereitet.

Regiobank Solothurn treu. Jedes Jahr zieht es die beiden jedoch für vier oder fünf Wochen nach Indonesien, wo sie mit dem Flugzeug oder im Auto herum reisen und Verwandte besuchen. Hermann Hiltbrunner kennt die indonesischen Inseln (nicht gerade alle der über 13'000) recht gut und kann viel Interessantes erzählen über ein Land, das über grosse Bodenschätze verfügt und trotzdem in weiten Teilen die Armut kennt, ein Land, in dem 300 sehr verschiedene Dialekte gesprochen werden und das nicht nur deshalb schwer zu verwalten ist. «In den letzten Jahren wird Indonesien von einer Teuerung geplagt», weiss Hermann Hiltbrunner, «so kostete vor 10 Jahren ein Liter Benzin (umgerechnet) 10 Rappen, heute bezahlt man 30 Rappen - eine Preissteigerung, die für das Volk nicht zu begreifen ist.» Bürokratie gibt es auch in Indonesien zur Genüge, das haben die Hiltbrunners mehrmals erlebt, trotzdem wollen sie vielleicht eines fernen Tages für immer nach Indonesien. «Auch wenn Esther», erzählt Hermann schmunzelnd, «am Ende jeder Indonesien-Reise sagt: So, jetzt gehen wir wieder heim nach Grenchen!»

Esther und Hermann «Sandokan» Hiltbrunner beim Travaglini-Regenbrunnen im Park des Parktheaters.

Engagement für das Heimatland

«Esther tanzt gerne und singt sehr schön», sagt Hermann von seiner Gattin, ist damit aber nicht allein: Wenn in der Berner indonesischen Botschaft der Nationalfeiertag (am 17. August) festlich begangen wird, singt Esther Hiltbrunner die Nationalhymne. Auch sonst engagiert sich Esther – die übrigens im Unterschied zu 90% ihrer Landsleute der Reformierten Kirche angehört – für ihr Heimatland. Zusammen mit ihrem Mann ist sie in der Organisation der Wohltätig keits-Veranstaltungen des «Vereins Indonesien-Schweiz» tätig und kann vom gesammelten Geld selbständig bedürftige Institutionen (etwa Schulen) in Indonesien unterstützen.

Bei Hiltbrunners wird meist «nach Schweizer Art» gekocht («Esther macht eine sehr gute Rösti!», so ihr Mann), aber wenn Besuch kommt, dann kocht Esther ganz gross indonesisch auf. Das AKZENTE-Team war begeistert von einem Essen, das Auge und Gaumen gleichermassen in Hochstimmung versetzte und spontan mit drei Sternen ausgezeichnet wurde. Und durchaus begreiflich wurde auch, warum sich die Freunde von Esther und Hermann Hiltbrunner so oft und so gerne einladen lassen.

Ein gewisser Hang zur Gastronomie

Tunesien nur noch als «Background»: Karim und Dhouha Slaimi

«Es war alles total anders als in Tunesien», erinnert sich Karim Slaimi an die Zeit vor 14 Jahren, als er in die Schweiz kam, «ich sah mich plötzlich in einem Paradies, wo Sauberkeit, Pünktlichkeit und Korrektheit herrschten». Karim fand sich schnell zurecht im neuen Land: «Ich kenne keine Berührungsängste und kann mich schnell an die gegebenen Verhältnisse anpassen.» Als Tunesier liegen ihm solche Eigenschaften vielleicht im Erbgut: Zwei Jahrtausende lang herrschten in seinem Heimatland nacheinander Römer, Vandalen, Araber, Türken und Franzosen und erst seit nicht einmal 50 Jahren existiert Tunesien als selbständiger Staat.

Karim Slaimi stammt aus der Stadt Kef, die im nördlichen Teil des Landes am Rand des Atlas-Gebirges liegt, etwa auf 700 m Höhe und daher mit

ähnlichem Klima wie am Jura-Südfuss. In Tunis, der Hauptstadt, absolvierte er die Hotelfachschule und arbeitete dann in einer Hotelanlage auf der Touristeninsel Djerba. Hier freundete er sich mit einer Grenchner Familie an und liess sich von ihren Erzählungen dazu inspirieren, in die Schweiz auszuwandern, wo das Gastgewerbe dringend Fachpersonal suchte. Eine erste Stelle als Kellner führte ihn nach Lenzburg, 1990 dann kam er nach Grenchen und war bald unentbehrlicher «Bestandteil» im historischen «Löwen», den er erst verliess, als im April 1992 die Fensterläden und Türen endgültig geschlossen wurden. Das Restaurant «Grabachern» in Bettlach und das Grenchner Flugplatz-Restaurant waren weitere Stationen. Inzwischen hatte Karim eine Grenchnerin geheiratet – eine Ehe, die gleichartiger Temperamente wegen nicht allzulange hielt – und sich einem anderen Erwerbszweig zugewandt. Bei «Littlefuse» brachte er es in sieben Jahren zum Abteilungsleiter, heute ist er bei der Firma Kaltbrunner beschäftigt.

Bild linke Seite:
Stolzer Vater, stolze Mutter: Karim und Dhouha Slaimi auf dem Fusballplatz – Junioren müssen schliesslich möglichst früh mit dem Training beginnen...

Zur Begrüssung gibts bei Slaimis den traditionellen Pfefferminztee.

«Ich kenne fast alle Leute...»

«Rund 60 bis 70 Prozent aller Grenchnerinnen und Grenchner kenne ich persönlich», schätzt Karim. Sein Engagement bei Vereinen und Gruppierungen und seine Hilfsbereitschaft mögen dafür ausschlaggebend sein. So war und ist er Juniorentrainer bei den Fussballklubs Wacker, Fulgor, FC Grenchen und Lengnau, er hilft mit bei der Organisation von Grümpelturnieren, stellt bei Gelegenheit seine Kochkünste zur Verfügung, ist Mitglied eines Jassklubs und Gründer des «Club 192», bei dessen Namen das Alter der Mitgründer Pate stand. «Fünf der 192er waren im Jahr 2000 in Tunis mit dabei, als ich zum zweiten Mal Hochzeit feierte», erzählt Karim, der dieses Fest als eine sehr anstrengende Sache in Erinnerung behält, «weil es eine ganze Woche lang dauerte». Seine Frau hatte er bei einem seiner spärlichen Besuche bei seiner Mutter kennen gelernt. «In Grenchen fühlte sich Dhouha anfangs nicht sehr wohl», zieht Karim Bilanz, «denn die Sprachbarriere bereitete ihr doch Probleme». Mittlerweile hat Dhouha Deutschkurse besucht und auch einige Freundinnen gefunden und ist neuerdings mit

Rezept für 6 Personen

Brik
Tunesische Teigtaschen

6	Teigblätter (wie für Frühlingsrollen)
6	Eier
2	Kartoffel gekocht, mit Gabel zerdrücken
1 Bund	Petersilie feinhacken
1/2 kl Löffel	Harissa (unter die Kartoffeln mischen)
1 kl.Büchse	Thon
	Pfeffer
	Salz

Teigblatt auf Teller legen. In die Mitte Füllung aus zerdrückten Kartoffeln mit Harissa und zerpflücktem Thon geben.

1 Ei über die Füllung aufschlagen und mit Petersilie, Salz und Pfeffer überdecken.

Teigblatt zu einem Dreieck falten, Ränder mit Gabel gut zusammendrücken und in heissem Öl (Pfanne) je nach Geschmack fritieren.

Sohn Fedi und dem Haushalt voll ausgelastet. Dhouha zuliebe gibt es ab und zu auch Treffen mit anderen Tunesiern, die in der Region leben, sonst aber ist für die Familie Slaimi die alte Heimat nur noch kultureller Hintergrund, der sich in der Wohnung etwa in Souvenirs bemerkbar macht, oder in der Wasserpfeife, in der er würzigen Apfel-Tabak auf dem Balkon in kleine Rauchwölkchen verwandelt. Im übrigen ist Karim längst eingebürgert und leistet Zivilschutz-Dienst; der tunesische Militärdienst in der Sahara ist nur noch ferne Erinnerung.

Eine eigene Beiz – das wärs...

Die Liebe zur Gastronomie ist Karim geblieben. Freilich hat sie sich etwas gewandelt: Das reine Kellnern gehört zur Vergangenheit, jetzt liegt das Kulinarische im Vordergrund. Karim kocht sehr gerne tunesische Gerichte und half seiner Gattin auch beim Zubereiten der Speisen, als das AKZENTE-Team zu Gast war und feststellen durfte, dass die tunesische Küche ihren guten Ruf durchaus verdient. Bei Slaimis wird aber auch schweizerisch gekocht und gegessen. Ein Traum von Karim und seiner Dhouha wäre es allerdings, in Grenchen eine kleine, aber feine Beiz zu eröffnen, in der die Liebhaber der tunesischen Küche schnell und gut auf ihre Kosten kämen. An potenziellen Kunden fehlt es sicher nicht.

«Ich bin längst ein Schweizer», sagt Karim, aber in seiner Wohnung pflegt er doch die Erinnerung an seine tunesische Heimat und genehmigt sich gelegentlich auch ein paar Züge aus der Wasserpfeife.

Bilder linke Seite:
Karim steht nicht als Dekoration in der Küche; wenn es um tunesische Gerichte geht – wie etwa um die feinen Teigtaschen «Brik» – greift er mit Leidenschaft zum Kochlöffel.

Liebe auf das erste Wort

Bahnhofs-Durchsage gab den Anstoss: Dani und Amira Hafner-Al-Jabaji

Dass man sich auf den ersten Blick verliebt, kommt gelegentlich vor. Liebe auf das erste Wort aber dürfte eher selten der Fall sein. Bei Dani Hafner, dem Leiter des Bahnhofs Grenchen-Süd, und Amira Al-Jabaji war es so. Im Herbst 1991 hatte Dani Hafner am Mikrophon des Bahnhofs (im Stellwerk, dem verglasten Anbau auf dem Bahnsteig) eine Zugsverspätung angekündigt. Amira stand auf dem Bahnsteig und fand die fröhliche Stimme des Sprechers so sympathisch, dass sie sich umdrehte und den Stimmen-Inhaber spontan anlächelte. Der wiederum öffnete ein Fensterchen und bedankte sich für die ungewohnte Reaktion. Drei Wochen später passierte genau das gleiche – und diesmal gabs kein Zurück mehr: Wenig später waren die beiden verlobt und ein halbes Jahr später verheiratet. Heute gehören zwei Buben, Tarik und Yassin, zur Familie.

Dani Hafner ist Basler (von Geburt und überhaupt). Schon in jungen Jahren war er viel unterwegs, so in Australien, in Nord- und Südamerika. Dann gehörten Ortswechsel zur beruflichen Karriere: Im Dienste der SBB lernte er über

15 Bahnhöfe der Deutschschweiz und des Tessins kennen. Als 1991 die Stelle des Betriebsdisponenten Grenchen-Süd ausgeschrieben wurde, bewarb sich Dani Hafner und erhielt den Zuschlag. Seitdem ist er zum Leiter des Bahnhofs aufgestiegen und fast so etwas wie ein Grenchen-Fan geworden. «Viele Grenchner wissen gar nicht, wie schön es in Grenchen ist», behauptet er, «natürlich gibt es keine Altstadt und das architektonische Ortsbild ist alles andere als begeisternd. Aber die landschaftliche Lage und die Naturnähe zwischen Aare und Jura ist toll. Wenn ich etwa mit Basler Verwandten den Panoramaweg entlang gehe, sind sie echt erstaunt und finden den Blick auf Grenchen herrlich. Auch ich liebe den Grenchenberg und seine Wälder, die ich so oft als möglich durchquere.» Auf immer und ewig möchte Dani Hafner freilich nicht in Grenchen bleiben: «Eines fernen Tages werden wir nach Basel ziehen – Basel ist halt doch meine Heimat...»

Bild linke Seite: Dani und Amira Hafner-Al-Jabaji mit ihren beiden Söhnen Yassin und Tarik – natürlich auf dem Südbahnhof, wo alles begann.

An der Wohnzimmerwand eine Erinnerung an den Irak.

«Mein Vater war total schockiert»

Amiras Mutter stammt aus Westfalen (D), der Vater ist Iraker aus Basra. Ende der fünfziger Jahre erhielt er ein Stipendium und studierte zuerst in Deutschland, dann an der ETH Zürich, wo er Amiras Mutter kennenlernte, die er später heiratete. Amira wuchs im islamischen Glauben auf, zuerst in Wünnewil (FR), dann in Glattbrugg (ZH), anschliessend in Grenchen, wo der Vater jahrelang tätig war. «Irak, der Islam und die Nahost-Politik waren immer ein Thema zuhause», erinnert sich Amira. 1993 kehrte mein Vater total schockiert von einem Besuch im Irak zurück. Das angetroffene Elend, die Armut, die zerstörte Kultur und die veränderte Mentalität in seinem früher so wunderbaren Heimatland haben ihn sehr deprimiert.»

Amira war in Sachen Religion frühzeitig sensibilisiert. «Schon in der Schulzeit wehrte ich mich gegen ein verzerrtes und einseitiges Islam-Bild. Ich studierte Islamwissenschaft in Bern und nahm mir vor, als jemand der in beiden Kulturen verankert ist, für das friedliche Nebeneinander der Religionen zu wirken. In den Jahren nach dem Golfkrieg erhielt ich viele Einladungen zu Vorträgen, erst recht nach dem 11. September 2001, als die furchtbaren

Amira besuchte den Irak schon mehrmals. Das typische Gericht «Dolma» – bei dem auch die Augen «mit essen» – auf den Tisch zu bringen, bereitet ihr keine Probleme.

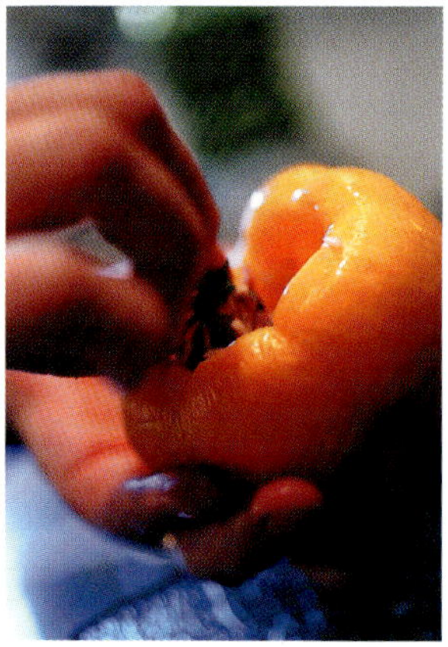

Rezept für 6 Personen

Dolma – Gefülltes Gemüse

Gemüse zum Füllen:

Peperoni, grosse Zwiebeln, Zucchetti, kleine Auberginen

250 gr	Hackfleisch (Rind oder Lamm)
2 Tassen	Reis
2 EL	frische Petersilie (gehackt)
	Salz
	Pfeffer
1 TL	Kreuzkümmel (gemahlen)
2 EL	Pinienkerne
2 EL	frische Minze (gehackt)
	Paprikapulver (nach Belieben)
	Sumach*
	Fleischbouillon
	Eventuell Tomatenmark
	Olivenöl

1. Gemüse zum Füllen vorbereiten

Stielansatz bei Peperoni rund herausschneiden und Kerne entfernen. Zwiebeln schälen, bis zur Mitte einschneiden, in warmes Wasser legen und nach einigen Minuten Zwiebelschichten vorsichtig auseinander nehmen.
Zucchetti in etwa 8-10 cm grosse Stücke schneiden, aushöhlen, so dass ein Boden bleibt. Auberginen aushöhlen, so dass die Wand etwa 1/2 cm dick ist.

2. Füllung

Alle Zutaten mischen und einige Minuten mit den Händen verarbeiten, anschliessend das Gemüse bis zur Hälfte füllen.

3. Kochen

Olivenöl in einem grossen Topf erhitzen und das Gemüse vorsichtig hineinschichten. Kurz andünsten und Fleischbouillon beigeben (nach Belieben etwas Tomatenmark beigeben).

Das Ganze mit einem Teller beschweren und solange dünsten, bis das Gemüse gar ist. Bei Bedarf gelegentlich weitere Bouillon hinzugeben. Die Kochzeit variiert je nach Gemüse zwischen 25 bis 40 Minuten.

Amiras Tipp zum Zwiebelschichten auseinanderlösen:

Zuerst äusserste Schale der Zwiebel wegnehmen und unten und oben gerade schneiden. Auf einer Seite bis in die Mitte einschneiden und in warmes Wasser einlegen. Die einzelnen Schichten können dann sorgfältig abgelöst werden.

*Siehe Erklärung Seite 103.

Terroranschläge von New York die Welt erschütterten und die Muslime ins Zwielicht gerieten.» In der «Gemeinschaft Christen und Muslime in der Schweiz» – vor dem Golfkrieg gegründet, um das gegenseitige Verständnis zu fördern – ist Amira Hafner intensiv tätig. Sie hält Vorträge, nimmt an Podiumsgesprächen und TV Sendungen teil und schreibt Artikel: An der Herausgabe von Publikationen (beispielsweise, zum Thema muslimische Kinder in der Schule) ist sie beteiligt. Auch in Grenchen bemüht sich Amira um Aufklärung über den Islam, so war sie einige Male im Religionsunterricht von Pfarrer Wendel zu Gast.

So bunt wie das Leben...

Beim Besuch des AKZENTE-Teams kam eine Mahlzeit auf den Tisch, die sich so farbenprächtig darbot, wie das Leben im Irak früher war und heute wahrscheinlich nicht mehr ist: «Dolma». Dazu gab es Grünen Salat und als Dessert frische Früchte – ein echtes Sommer-Menu.

Wenn San Giuseppe ruft...

...dann wird bei Monachinos sizilianisch gekocht

Der 19. März ist bei uns ein ganz normaler Tag. Nur wer an diesem Tag genauer auf dem Kalender nachschaut, sieht vielleicht, dass dieser Tag dem Heiligen Josef gewidmet ist. Und dann ruft er spasseshalber seinem Onkel Sepp an und sagt: «Gratuliere zum Namenstag!». In Sizilien ist das ganz anders, da gilt «San Giuseppe» als einer der höchsten Feiertage. Vincenzo Monachino, der in der Nähe des südsizilianischen Agrigento geboren wurde, einer Provinz-Hauptstadt, wo noch der Geist der alten Griechen weht (sie herrschten hier fast 1000 Jahre lang und errichteten herrliche Bauwerke), Vincenzo Monachino also weiss viel zu erzählen über den Tag des San Giuseppe. «Er war ja der ‹Vater› von Jesus Christus, der Vater der Heiligen Familie, der für sie sorgte. Deshalb werden am 19. März, seinem Namenstag, als Dank für erhörte Gebete die Armen der Umgebung zum Essen eingeladen. Schon Tage vorher herrscht vor allem in den Dörfern ein reges Treiben; da wird geplant und vorbereitet, vorgekocht und vorgebacken und man sammelt kleinere Geldbeträge, wenn die Kosten in grössere Dimensionen anzuwachsen drohen. Dann ist der hohe Tag da, alle Menschen freuen sich und es wird nach Herzenslust gegessen.» Fleisch allerdings wird an San Giuseppe nicht serviert, es gibt vielmehr Produkte der Region, also zum Beispiel als Vorspeise Orangen mit Zucker, vielerlei Speisen mit Eiern und Gemüse. Einen besonderen Rang nimmt dabei Fenchel ein, der in der Provinz Agrigento wild wächst und hauptsächlich als Blattgemüse verwendet wird. Bei allen Speisen ist natürlich Olivenöl mit im Spiel, nicht nur am San-Giuseppe-Tag – Olio di Oliva ist das A und O der sizilianischen Küche. Früher, weiss Vincenzo

Monachino aus seiner Jugendzeit, schwelgten ältere Leute in Erinnerungen an San Giuseppe und vergassen nie zu erwähnen: «Da haben wir gut und reichlich gegessen». Heutzutage beginnen auch in Sizilien Jahrhunderte alte Traditionen zu verblassen. San Giuseppe wird oft nur noch symbolisch gefeiert: Die Kinder bringen in die Schule Essbares mit und tauschen es untereinander aus.

Am Tag des Heiligen Josef kocht Vincenzo Monachino persönlich die traditionellen Gerichte aus seiner sizilianischen Heimat.

Trommeltöne aus Afrika

Vincenzo lebt seit fast vier Jahrzehnten in der Schweiz und ist voll integriert, seine Heimat Sizilien trägt er gleichwohl für immer im Herzen. So erinnert er sich etwa daran, dass er in seiner Jugend in Agrigento, wenn es laut wurde, oft den Spruch hörte: «Seid leise, dann hört ihr das Tamtam der Trommel aus Afrika». Er selbst gehört nicht unbedingt zu den Stillen im Lande. Musik aller Art ist ihm äusserst lieb und wichtig. Bei kleineren und grösseren Festen sorgt er als Alleinunterhalter für Stimmung: «Ich spiele Mundharmonika und singe in mehreren Sprachen; Ländlermusik habe ich auch in meinem Reportoire.» Daneben ist er ein begeisterter Rock'n'Roll-Tänzer in einer Show-Gruppe. Seine Frau Helen steht voll und ganz vor, neben und hinter ihm – nur beim Rocken und Rollen tritt sie lieber in den Hintergrund: «Ich habe für Vincenzo eine meiner Freundinnen gefunden, die ihm nun eine gute Tanzpartnerin ist – eine Lösung, die ausgezeichnet klappt». Helen lebte

Bilder rechte Seite: Wildfenchel-Omelette ist eine Spezialität der sizilianischen Provinz Agrigento.

Helen Monachino lebte einst zwei Jahre lang auf Korsika, ehe sie in Grenchen den Sizilianer Vincenzo kennen lernte und 1971 im Chappeli heiratete (vor dessen Türe sie der Fotograf aufs Bild bannte)...

zwei Jahre in Korsika, ehe sie in Grenchen Vincenzo kennen lernte, der als Minderjähriger in die Schweiz gekommen war und bei den SBB den Mechaniker-Beruf erlernt hatte. Seit 24 Jahren übt er seinen Beruf bei der Mathys Medizinaltechnik AG in Bettlach aus. 1971 heirateten die beiden, zogen zwei Töchter gross und leben heute in einer Eigentumswohnung an der Kastelsstrasse.

Nach Lust und Laune

«In früheren Jahren stellte sich Vincenzo oft an den Kochherd und zauberte Gerichte aus seiner Heimat: das hat mit der Zeit etwas nachgelassen», erzählt Helen Monachino. «Aber wenn Gäste kommen, motiviert ihn das zu grossen Taten – da kann er ja auch die Komplimente einheimsen, was mir gar nichts ausmacht», meint sie lachend und ergänzt: «Meistens koche ich und zwar ganz nach Lust und Laune, mal italienisch, mal schweizerisch und mal französisch». Am 19. März freilich, als das AKZENTE-Team zu Gast war und der Namenstag von San Giuseppe auf dem Kalenderblatt stand, liess sich Vincenzo den Kochlöffel nicht aus der Hand nehmen. Es entstand das traditionelle Mahl, zu dessen Hauptgang die Fenchelblätter direkt und frisch aus Sizilien besorgt worden waren. Und natürlich wurde beim Kochen sizilianisches Olivenöl verwendet und sizilianischer Wein getrunken. So kann auch das AKZENTE-Team nun behaupten: «Am Tag von San Giuseppe haben wir gut und reichlich gegessen!»

Rezept für 2 Personen

Frittata di San Giuseppe (Finocchio selvaggio)

Wildfenchel-Omelette

ca 200 gr	wilder Fenchel
4	Eier, geschlagen
	Salz und Pfeffer
1/4	Pfefferschote (Peperoncini)
	Olivenöl

Fenchel waschen, Ansatz abschneiden und ca 5 Min. in Salzwasser überschwellen (gekochter Fenchel sollte noch knackig sein). Fenchel in ca 3 cm lange Stücke schneiden.

Bratpfanne mit 2 EL Olivenöl erhitzen, Fenchel hinein geben, mit Salz (2 Prisen), Pfeffer und Peperoncini würzen und kurz anbraten.
Das Ganze aus der Pfanne nehmen und auf einen Teller geben. Bratpfanne erneut mit 2 EL Olivenöl erhitzen. 4 geschlagene Eier beigeben, wenig anbraten lassen, Fenchel darauf verteilen.
Wenn die Masse kompakt ist, auf der anderen Seite braten.

Auf verschlungenen Pfaden ins Glück

Tatjana (Tanja) und Andreas Auer fanden trotz Hindernissen zusammen

Der Kaukasus, das Gebirgsland zwischen dem Schwarzen und dem Kaspischen Meer, im Süden begrenzt von Türkei und Iran, gilt als eines der schönsten und gleichzeitig gefährlichsten Gebiete der Welt. Schön, weil die Landschaft von den blühenden Gärten am Meer bis zu den Gletschern des Elbrus (5633 m hoch) alles zu bieten hat, was auf Erden sehenswert ist. Gefährlich, weil seit der Auflösung der Sowjetunion die Bodenschätze des Kaukasus begehrenswerte Objekte für Nationalisten, Grossmächte, Terroristen und Mafia geworden sind. Für Tanja Auer, geborene Prochladnij, war und ist der Kaukasus vor allem die geliebte Heimat. Die Kriegs- und andere Wirren in den Kaukasus-Staaten Georgien, Tschetschenien, Armenien usw. griffen aber auch in ihr Leben ein: Mit den Eltern zusammen musste sie die Heimat Richtung Sibirien verlassen.

Dort hatte der Vater, ein Ingenieur, Arbeit in einem Gebiet gefunden, in dem riesige Ölvorkommen erschlossen werden. Tanja, die junge Primarlehrerin, wollte sich mit einem Leben im unwirtlichen Sibirien nicht abfinden. Sie entschloss sich zu einem Schritt, der in den Staaten des Ostens so ungewöhnlich nicht mehr ist: Nach reiflicher Überlegung liess sie sich in einen Katalog aufnehmen, der heiratswillige Russinen in den Ländern des «Goldenen Westens» anbietet. Die hübsche Tanja musste nicht lange auf ein Echo warten. Aus Grenchen, Schweiz, meldete sich ein Interessent, der sie alsobald abholte und in das gelobte Land entführte. Tatjana, die in der Schule Deutsch gelernt hatte, wähnte sich im Paradies – allerdings nicht für lange. «Als ich meinen Sohn in die Ehe einbeziehen wollte, begannen ständige Streitereien – das Leben in Grenchen war plötzlich nicht mehr so paradiesisch, wie ich es erträumt hatte», erzählt sie, «aber da lernte ich Andreas kennen».

Bild linke Seite: Tanja, Andreas und Alexandr lieben Pferde.

Eine Mahlzeit, die kalorienmässig keine Wünsche offen lässt: Borsch und Napoleon-Torte.

Fast wie Liebe auf den ersten Blick

Andreas Auer, bei dessen Vater viele Grenchnerinnen und Grenchner die Schulbank drückten, ist selbständiger Metallbauschlosser. In seinem Betrieb mit zwei oder drei Mitarbeitern werden Stiegen, Geländer, Gartentüren und ähnliches hergestellt. Am liebsten befasst er sich mit eigenen Konstruktionen und grösseren Aufträgen der Industrie oder Öffentlichen Hand. «Bei einer Bekannten lernte ich Tanja kennen – ausgerechnet in der Küche», erinnert sich Andreas Auer. «Ich fand die junge Frau sehr sympathisch, erfuhr jedoch, sie sei verheiratet. Bei einem zweiten Zusammentreffen erzählte sie mir, sie sei unglücklich und wolle nach Russland zurück. Das war für mich ein Wink des Schicksals, um Tanja zu werben. Es begann eine abenteuerliche Geschichte: Die Scheidung von ihrem Grenchner Ehemann zog sich fast ein Jahr lang hin. Aber jetzt sind wir glücklich zusammen und auch Tanjas Sohn Alexandr ist in der Familie integriert – er

Das russische National-gericht Borschtsch hat es wahrlich «in sich»...

Rezept für 6 Personen

Borschtsch – Russisches Nationalgericht

300 gr	Mageres Siedfleisch
1 EL	Tomatenpurrée
1	Rande, geraffelt mit Röstiraffel
1	Karotte (Rüebli), geraffelt mit Röstiraffel
7	kleine Kartoffeln
350 gr	Weisskabis, in feine Streifen geschnitten
1	Zwiebel, gehackt
1	Peperoni rot, klein gewürfelt
1 kl Dose	Tomaten, gehackt
2 Lt	Rindsbouillon
1 Bund	Dill, feingeschnitten(ersatzweise getrockneter Dill)

Rindsbouillon aufkochen, Fleisch dazugeben und 3 ganze Kartoffel mitkochen lassen. 1 Stunde kochen lassen. Geraffeltes Rüebli in Bouillon geben und aufkochen. Gekochte Kartoffeln aus der Bouillon nehmen, mit Gabel zerdrücken und zurück in die Bouillon geben. Restliche Kartoffeln in Würfel schneiden, mit Kabisstreifen und Peperoni in die Bouillon geben und alles zusammen ca 10 Min. kochen lassen.
In Bratpfanne 1 EL Öl heiss werden lassen, gehackte Zwiebel und geraffelte Rande beigeben und unter Rühren anbraten, gehackte Tomaten beigeben, alles gut mischen, braten. In die Bouillon geben. Dill beifügen.

Napoleon-Torte

200 gr	Zucker
3	Eier
1/2 l	Backpulver
200 gr	Butter/Margarine
100 gr	Saucenrahm (Crème fraîche)
ca	700 gr Mehl

Mit allen Zutaten Teig zubereiten. Der Teig muss die Konsistenz von Kuchenteig haben. Kühl stellen.

Inzwischen Vanillecrème für die Füllung vorbereiten:

200 gr	Zucker
2	Eier
1 Päckli	Vanillezucker
2 EL	Mehl
200 gr	Butter in Stücke schneiden
8 dl	Milch

Eier und Zucker schlagen, Mehl dazugeben und gut verrühren. Milch, Vanillezucker, Butter beigeben und alles zusammen unter ständigem Rühren aufkochen. Auf die Seite stellen und abkühlen lassen.

Teig möglichst dünn (ca 2 mm) auswallen. Flachen Teller auf Teig legen, 6-7 Stücke ausschneiden. Rest für Krümel (Streusel) aufbewahren. Ofen auf 200° vorheizen. Jedes Stück im Ofen ca 3-4 Min. backen, bis es eine goldene Farbe hat. Auskühlen lassen. Ausgekühlte Teigstücke abwechslungsweise – 1 Lage kalte Vanillecrème, ein Teigstück – aufeinanderschichten. Letze Vanillerèmeschicht mit Krümel bestreuen.

will einmal die Schlosserei übernehmen und ganz bestimmt nicht mehr nach Russland zurück.»

Andreas Auer aber war inzwischen mit Tanja in Russland zu einem Besuch bei deren Eltern in Nischniwartowsk, einer sibirischen Grossstadt, wo sich alles um Erdöl dreht. Er nahm zwiespältige Eindrücke mit nach Hause zurück: «Auf einem Zwischenstopp besichtigten wir Moskau, das viel Sehenswertes zu bieten hat, sich aber auch desolat und vernachlässigt darbietet. Mit etwas gemischten Gefühlen bestiegen wir in Moskau auch die Aeroflot Maschine zum Weiterflug nach Sibirien, kamen aber immerhin gut an. Tanjas Eltern leben – vier Flugstunden von Moskau entfernt – in einer öden Steppenlandschaft mit sumpfigen Gegenden. Das Erdöl allerdings wird mit modernster Technologie gefördert und verarbeitet; dafür sorgt nicht etwa der russische Staat, sondern Betreiber sind internationale Öl-Multis. Für die dort lebenden Menschen spielt das keine Rolle. Hauptsache, sie können gutes Geld verdienen und müssen nicht, wie anderswo in Russland, ängstlich auf ihren Lohn warten.»

Alexandr wurde zwar in Russland geboren, ist aber überzeugt: «Ich bin ein Grenchner!»

Tanja stammt aus dem Kaukasus, wo man den Frauen sowohl südliches Temperament wie auch starken Charakter nachsagt.

«Ich möchte Kindergärtnerin werden»

«Russland ist ein armes Land, aber die Leute arbeiten gerne», sagt Tanja und beweist letzteres durchaus: In einer Lengnauer Firma ist sie Profilschleiferin. Das bedeutet freilich nicht, dass sie ihren Traumjob gefunden hat, «Weil mein Deutsch zu wenig gut ist, kann ich in Grenchen sicher nicht wieder in meinen Lehrerberuf», sieht sie ein, «aber ich möchte sehr gerne Kindergärtnerin werden – das ist mein Ziel, das ich fest ins Auge fasse!» Tanja kocht auch gerne – und das sehr gut, wie sie dem AKZENTE-Team bewies, unter anderem natürlich mit Borschtsch, dem russischen Nationalgericht. Über ihren ersten Schweizer Back-Versuch kann sie heute lachen: «Ich erprobte mich an einer Zuger Kirschtorte – und kaufte dafür eine Menge schöner Schweizer Kirschen ein...»

Ein Leben für die Reben

Wie der Burgunder «Jeannot» Cahen auf Umwegen nach Grenchen kam

Die Bourgogne (das Burgund) ist eigentlich nur ein kleiner Landstrich in Ostfrankreich, den Namen aber kennt man auf der ganzen Welt. Natürlich der Weine wegen, die auf diesem gesegneten Boden in verschwenderischer Vielfalt und in höchster Qualität gedeihen. «Burgunder erfreut das Auge und den Geruchssinn gleichermassen», so drückt es die bekannte Koch-Autorin Marianne Kaltenbach aus, «er besitzt eine schöne, klare und tiefrote Farbe. Er hat eine gewisse Milde, eine Wärme und einen Wohlgeschmack, die in höchster Weise harmonisch sind: mild und samtig, warm und voll, wohlschmeckend, niemals leer.» Und die Namen der bekanntesten Burgunder-Weinsorten, könnte man anfügen, klingen wie Musik in den Ohren der Kenner: Chambolle-Musigny, Aloxe-Corton, Vosne Romanee, Volnay, Pommard, Meursault, Savigny-les-Beaune, Santenay, Mercurey, dazu die Beaujolais-Weine Fleurie, Brouilly, Moulin-à-Vent, Chiroubles und Saint-Amour. Rund 35 Millionen Liter dieser und anderer französischer Weine importiert die Schweiz jedes Jahr. Daran beteiligt war jahrzehntelang auch der «Burgunder» Jean-François Cahen, der in Grenchen lebt und 12 Jahre lang eine Weinhandlung führte, deren Spezialität selbstverständlich Burgunder-Weine waren. Klar auch, dass er für das AKZENTE-Team ein Koch-Rezept wählte, das aus dem Burgund kommt und in dem Burgunder-Wein verwendet wird:

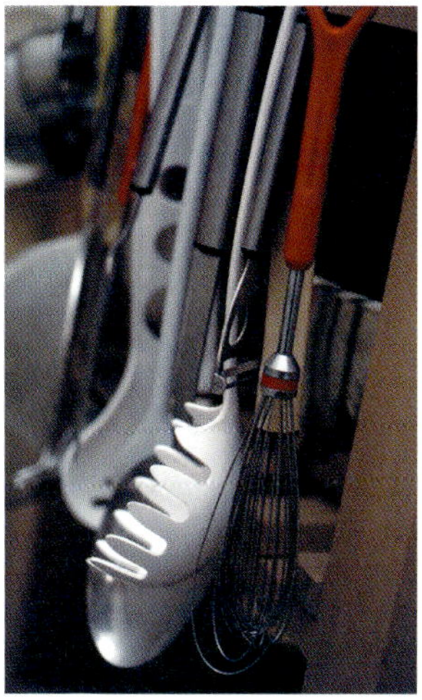

Linke Seite:
Jean-François Cahen beim Zubereiten des Boeuf Bourgignon.

Jeannots kleines Reich – zum Kochen braucht es eben vielerlei Utensilien.

Boeuf Bourguignon. Und welches Getränk serviert man zu Boeuf Bourguignon? Ein Schelm, der dazu etwas anderes als Burgunder-Wein auf den Tisch stellen würde...

Den Begriff Heimat zu definieren, würde «Jeannot» Cahen bei aller Liebe zum Burgund nicht ganz leicht fallen: In allzu vielen Orten hat er schon gelebt und gearbeitet. Geboren wurde er in Le Mans, aufgewachsen ist er in Gevrey-Chambertin. Sein Grossvater weckte im jungen Jean-François Cahen das Interesse am Umgang mit Wein: Er war Kellermeister im berühmten «Claridge» in Paris. Nach den Schulen absolvierte Jean-François eine Lehre als Rebbauer in Dijon, wo sein Onkel eine Weinhandlung betrieb, die auch ihre Kunden in der Schweiz hatte. Beim Abfüllen des Weins in Ballons und beim Beladen der Lastwagen aus der Schweiz sicherte sich Jean-François damals einen Nebenverdienst. Als er von den Chauffeuren aus der Schweiz ermuntert wurde, doch ins Nachbarland zu kommen, wo es mehr zu verdienen gab, war der weitere Lebensweg vorgezeichnet.

Ausgiebige «Tour-de-Suisse»

In der Nähe von Lausanne fand Jean-François Cahen eine erste Anstellung bei einem Weinhändler. Der unvermeidliche Militärdienst rief ihn 1962 zwar zurück ins Vaterland, 1964 aber begann endgültig seine «Tour-de-Suisse». Sie führte ihn vorerst nach Cossonay in eine Weingrosshandlung, dann über mehrere andere Jobs in der Westschweiz nach Zürich in die Firma Zweifel. «Ich war dabei, als die später berühmten Zweifel-Chips sozusagen in Handarbeit ihre Geburtsstunde erlebten», erzählt Cahen. Es zog ihn dann zur Coop Basel in die Weinabteilung, wo damals rund fünf Millionen Liter zu pflegen und abzufüllen waren. Zurück in Zürich beim Konsum-Verein zeichnete er als Kellermeister für den Einkauf und Import aus Frankreich verantwortlich.

Ein Zwischenspiel in Bad Ragaz wurde von einer Anstellung bei einer Wein-Anbau-Firma in Cressier abgelöst. Dann gings nach Genf, wo er die Herstellung von Schaumwein kennen lernte. Sissach war eine weitere Station, ehe Jean-François

Cahen Kellermeister bei der bekannten Firma Etter in Aarwangen wurde. Hier galt es von Essig über Traubensaft und Most bis zu Wein und Champagner alle möglichen Getränke zu betreuen. Nun aber war Schluss mit der Tour-de-Suisse: Ein Weinhändler-Kurs bildete den Aufakt zur letzten Etappe mit dem Ziel Grenchen.

Zum Boeuf Bourgignon passen am besten Salzkartoffeln.

Wenn alles gut vorbereitet und in Schüsselchen parat ist, kochts sich's leichter und schneller.

Rezepte für 6 Personen

Boeuf Bourgignon

2 EL	Butter
1 kg	Rindsragout mager
200 gr	Speckwürfeli
2 EL	Mehl
	Salz, Pfeffer
3 dl	Rotwein
1	Gewürzsträusschen
20	kleine Zwiebeln
200 gr	Champignons, geschnitten

Butter in einem Schmortopf zerlassen, das Fleisch darin scharf anbraten. Aus dem Topf nehmen und warmhalten. Die Speckwürfel im übrigen Fett knusprig braten, Mehl zugeben, salzen, pfeffern und Fleisch wieder in den Topf geben. Wein zugiessen, Gewürzsträusschen dazugeben und 2 Stunden auf kleinem Feuer garen. Eventuell während der Garzeit etwas Wasser nachgiessen. Zwiebeln und Champignons in den Topf geben und weitere 20 Minuten garen. Gewürzsträusschen wieder herausnehmen und beliebig nachwürzen.

Mit Salzkartoffeln servieren.

Tipp: Nach Belieben kann man das Fleisch am Vorabend im Wein und mit Gewürzen einlegen.

Tarte Tatin

1 Rundes Kuchenblech Metall ca. 32 cm

8	Würfelzucker
4	Äpfel in Schnitze schneiden
1	Kuchenteig ausgerollt 32 cm

Auf der Herdplatte den Zucker im Kuchenblech karamelisieren. Mit wenig Wasser ablöschen. Vorsicht heiss!

Vom Herd nehmen und Apfelschnitze auf den heissen Karamel legen, mit Kuchenteig decken und im Backofen bei 170°C ca. 20-30 Minuten backen. Leicht abkühlen lassen, mit einem grossen Teller decken und stürzen. Blech wegnehmen und sofort servieren.

Warum gerade Grenchen?

Im August 1980 eröffnete Jean-François Cahen an der Bettlachstrasse in Grenchen die Weinhandlung Saint François. Warum gerade hier? «Ich hatte die Auswahl zwischen einigen Orten im Tessin, dazu waren in Welschenrohr und in Grenchen Patente frei», erzählt er, «aus einem Gefühl heraus entschied ich mich für die Uhrenstadt». Nach 12 Jahren allerdings musste er das Geschäft nach erheblichen Gesundheitsproblemen schliessen. Er wurde Kellermeister im Berner «Schweizerhof», dann Repräsentant für französische Spirituosen, um schliesslich in der EPA-Getränkeabteilung tätig zu sein. Momentan arbeitet er bei der Firma Micro-Crystal, ist aber auch weiterhin an Wein interessiert und in Deutschland als «Weintester» tätig. «Nach 25 Jahren im Schweizer Kellermeister-Verband kann ich's einfach nicht lassen», meint er lächelnd.

Frösche gibts bei Cahens in allen Variationen.
Unten: Dorli und Jeannot lachen gerne zusammen – auch auf dem Marktplatz...

Es quakt

«Jeannot» Cahen ist ein begeisterter und erfahrener Hobby-Koch, natürlich mit einer Vorliebe für Gerichte aus seiner Heimat wie etwa dem Boeuf Bourguignon, zu dem er eine besondere Beziehung hat, «weil alle Zutaten typisch für das Burgund sind». Seine (zweite) Gattin Dorli lässt ihn gerne gewähren, sie geniesst mit Freuden die Ergebnisse seiner Kochkunst. Und unterstützt ihn bei seinem Hobby, dem Sammeln von Fröschen aller Art, von denen er mittlerweile «zwischen zwei und drei tausend» besitzt.

Das Herz ist zweigeteilt

Bei Familie Dümen ertönen Hirtenmelodien aus Anatolien

Westlich des oberen Euphrat, im asiatischen Teil der Türkei – so weiss das Lexikon – liegt Anatolien. Der nördliche Teil Anatoliens wiederum grenzt ans Schwarze Meer. Und hier, in der Nähe der Stadt Amasya, ist die Heimat von Hüsamettin und Gülseren Dümen. Die beiden heirateten 1979 und zogen kurz darauf in die Schweiz und zwar nach Grenchen, wo die Familie der jungen Ehefrau sich bereits vorher nieder gelassen hatte. «Seitdem», sagt der dreifache Vater Hüsamettin, «ist mein Herz in zwei Teile gespalten. Einerseits kann ich meine schöne Heimat nicht vergessen, anderseits fühle ich mich in Grenchen sehr wohl und möchte auch hier weiter leben.» Aber warum ist Hüsamettin Dümen mit seiner Frau überhaupt ausgewandert? «Als Jugendlicher dachte ich gar nicht an so etwas», erinnert er sich, «mein Vater besass eine Gärtnerei und 300 Schafe. Alles, was seine Familie brauchte, wurde zuhause produziert: Milch, Käse, Joghurt, Ge-

müse, Mais, Sonnenblumenöl; Brot wurde im eigenen Holzkohleofen gebacken. Wir hatten es schön, aber ich wollte nicht Landwirt werden. Mich drängte es zum Studium, das ich mir allerdings selbst finanzieren musste. Schliesslich schaffte ich das Diplom zum Volksschullehrer, fand aber keine freie Stelle und schloss mich den vielen Türken an, die in der Fremde Arbeit suchten». Hüsamettin sinniert ein wenig: «In der Türkei und besonders in Anatolien gibt es ganz einfach viel zu wenig Industrie. Hätte Kemal Atatürk, der Erneuerer der Türkei in den Jahren zwischen den beiden Weltkriegen, länger gelebt, dann wäre alles anders gekommen. So aber müssen viele Türken ihr Heimatland verlassen». Er selbst wohnte mit seiner Frau zuerst bei den Schwiegereltern in Grenchen, arbeitete aber in Bern. Viele Jahre leistete er dann Nachtarbeit bei der Securitas Biel-Seeland, ehe er als Arbeitsloser die Hauswartstelle für 27 Wohnungen im Lingeriz übernahm. Ehefrau Gülseren ist bei Manor in Solothurn beschäftigt.

Hüsamettin und Gülseren geniessen den Ausblick von der Archbrücke (links).

Tochter Selin hat kaum noch Bezugslinien zur Türkei.

Hüsamettin diskutiert gerne über seine muslimische Religion und den Koran, einem Spässchen ist er auch nicht abgeneigt.

Einmal im Leben nach Mekka...

Hüsamettin Dümen besucht seine Heimat nur selten, aber als überzeugter Muslim (türkisch: Müslim) liess er sich die aufwendige Reise nach Mekka in Saudiarabien, dem höchsten Wallfahrtsort des Islam und Geburtsort des Propheten Mohammed, nicht nehmen. Wie jährlich Hunderttausende von Pilgern berührte und küsste er im Hof der über 1200jährigen Moschee den Schwarzen Stein («Haddschar»), der in den steinernen, würfelförmigen «Kaaba»

eingemauert ist, und darf sich seitdem «Hadschi» (türkisch: Haci) nennen. Die Wallfahrt nach Mekka hat einiges in seinem Leben geändert, so ist etwa der Genuss von Alkohol für ihn seither kein Thema mehr. Und im Bücherregal steht seit jenen Tagen der Koran, die «Bibel des Islam», allerdings in arabischer Schrift, die in der Familie Dümen niemand lesen kann. Die 16jährige Tochter Selin, die (anders als ihre beiden älteren Brüder) mit den Eltern zusammen wohnt, ist auch an türkischer Sprache nur wenig interessiert: «Wenn ich türkisch zu sprechen versuche, rutschen mir in jedem Satz ein paar deutsche Wörter dazwischen». Lieber als die Türkei möchte sie Japan besuchen...

Hausmusik aus Anatolien

Gekocht wird bei Dümens «gemischt», wie Gülseren meint, die aber bei türkischen Rezepten gewiss nicht im Kochbuch nachsehen muss: Dem AKZENTE-Team setzte sie ein Menu mit türkischen Spezialitäten vor, die hohes Lob fanden. Beim Kochen und auch im Haushalt hilft ihr Ehemann gerne mit, wenn er Zeit dafür hat. Er bewies aber auch noch ein anderes Talent, als er nach dem Essen eine buntbemalte Flöte («wahrscheinlich aus Hongkong oder aus Taiwan») hervorholte und Melodien aus seiner Heimat Anatolien und anderen türkischen Provinzen erklingen liess. So mag es getönt haben,

Auf einer Kinderflöte lässt Hüsamettin melancholische Hirtenmelodien aus Anatolien erklingen, Ehefrau Gülseren singt gerne mit, sorgt aber auch mit Könnerschaft für anatolische (und schweizerische) Kost.

Rezept für 6–8 Personen

Karni-Yarik

Gefüllte Auberginen

4	Lange, dünne Auberginen
400 gr	Hackfleisch
6	Lange, dünne Peperoni
3-6	Tomaten
2	Zwiebeln, feinschneiden
	Petersilie
	Sonnenblumenöl
	Salz und Pfeffe
	Tomatenmark

Stiele der Auberginen abschneiden und längs in Zebra-Muster-Stil schälen. Mit der Gabel 2-3 mal einstechen.

Sonnenblumenöl in Bratpfanne erhitzen, Auberginen dazugeben und anbraten. Auberginen längs einschneiden, aber nicht teilen, und in eine Auflaufform legen.

Fein geschnittene Zwiebel in etwas Sonnenblumenöl anbraten, 2 dünn geschnittene Peperoni auch anbraten und zuletzt 300 gr vom Hackfleisch beigeben und braten.

1-2 Tomaten schälen, in kleine Stücke schneiden und dem Hackfleisch beigeben.
Paprika und Petersilie fein schneiden und mit Salz und Pfeffer beigeben. Vom Herd nehmen und den Rest des Hackfleischs beigeben.

Auberginen mit dem Hackfleisch füllen und mit dünnen Tomaten-Scheiben zudecken.

Peperoni anbraten und auf gefüllte Auberginen legen.
Tomatenmark mit wenig Wasser anrühren, in die Auflaufform geben und bei 220° im Ofen braten.

als in alten Zeiten seine Vorfahren ihre Schafherden bewachten und ihre einsamen Tage mit Flötenspiel ausfüllten. Auch Hüsamettin Dümen empfindet beim Musizieren Freude (seine Frau singt manchmal mit, während die Tochter auf ihrer elektronischen Orgel eher andere Klänge bevorzugt), noch lieber beschäftigt er sich aber mit dem Reparieren von Autos. So ist halt das Leben, wenn man von Anatolien in die Schweiz kommt.

Warum nicht mal türkisch kochen: Nach Gülseren Dümens Rezept geht es ganz einfach...

Eine Prise Exotik im Teller

Gewürze sorgen für feine Aromen und bunte Farben

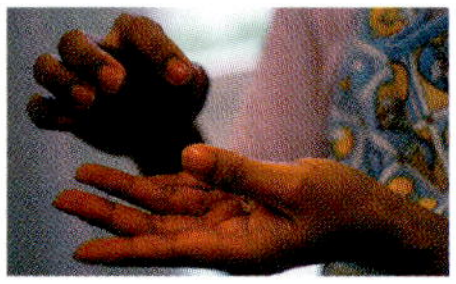

Mit dem Entstehen der multikulturellen Gesellschaft erhalten Gewürze – ob feurig, aromatisch oder zart – immer höheren Stellenwert. Unentbehrlich sind sie bei der Zubereitung von Spezialitäten aus asiatischen oder südamerikanischen Ländern, wie sie auch bei uns in die Küche eingebunden werden. Die Zutaten sind bei Grossverteilern oder in Thai- und Asien-Läden erhältlich. Bild oben zeigt, was beim Besuch des AKZENTE-Teams bei der Tamilen-Familie Kanapathipllai vorbereitet worden war. Ein wahrer Schmaus schon für die Augen und später für den Gaumen!

Ganz Links: Curryblätter, Limonen und Zitronengras werden in der asiatischen, wie auch in der indischen und tamilischen Küche sehr oft verwendet.

Daneben von links: Zimtrinde, Kardamon – in Indien Königin der Gewürze genannt – und Fenchelsamen.

Von links: Curry-Pulver, Senfsamen und Paprika-Pulver werden auch in Europa viel verwendet.

Reihe links: Chilis und Peperoncini (Pfefferschoten) gibt es in verschiedenen Farben und Formen, von mild bis ganz scharf.

Reihe rechts: Koriander ist in Asien, Indien und im Mittleren Osten sehr beliebt zum Würzen und Garnieren. Sumach hat einen säuerlichen Geschmack. Die herben, roten Beeren wachsen im ganzen Mittleren Osten. Sie werden ganz oder gemahlen verwendet.